Kind und Kunst

Das Recht des Kindes auf Phantasie

Herausgegeben von

Hans-Ulrich Grunder, Thilo Fitzner
Werner Stark

mit Fotos von Herbert Spatzek

Schneider Verlag Hohengehren GmbH

Umschlaggestaltung:
Wolfgang H. Ariwald, BDG, 59519 Möhnesee

Gedruckt auf umweltfreundlichem Papier (chlor- und säurefrei hergestellt).

Die Deutsche Bibliothek – CIP-Einheitsaufnahme

Kind und Kunst : das Recht des Kindes auf Phantasie /
hrsg. von Hans-Ulrich Grunder … Mit Fotos von Herbert Spatzek. –
Baltmannsweiler : Schneider-Verl. Hohengehren, 1999
ISBN 3-89676-174-9

Printed in Germany – Druck: Wilhelm Jungmann Göppingen

Inhaltsverzeichnis

Wir danken folgenden Einrichtungen für die freundliche Unterstützung des Projekts „Kind und Kunst“:

Evangelische Akademie Bad Boll

Die LG-Stiftung

***Kroschke* Stiftung für Kinder**

Kulturstiftung der ZF Friedrichshafen AG

Stiftung WÜRTH

Eberhard-Karls-Universität Tübingen

Freie Kunstschule Nürtingen

Max Traeger Stiftung

Vorwort der Herausgeber

Das Verhältnis von Kindern zur Kunst wird in heutiger Zeit ebensowenig thematisiert wie der Bezug der Kunst zu Kindern. Diese Feststellung gilt insbesondere für den pädagogischen Bereich, wo die Begriffe *Kind* und *Kunst* allenfalls im ausserschulischen Kontext als öffentlichkeitsrelevant und diskussionswürdig erachtet werden. Zu diesem Thema fehlt eine breitere, inhaltlich substantielle Diskussion. Was die Situation in der Schule angeht, wird dort der Zusammenhang von Kind und Kunst zur Bearbeitung an die musischen Fächer delegiert. Dieser Vorgang führt leider oft genug zu inadäquaten Scheinlösungen. Weil der musische Lernbereich in Schulen – verglichen mit anderen Fächern – unterdotiert ist, *muss* das Thema Kind und Kunst der knappen Stundenzahl wegen zwangsläufig ausgeblendet werden. In diesem Zusammenhang sei auf jene wissenschaftlichen Studien hingewiesen, worin belegt worden ist, dass eine intensivere Beschäftigung von Schulkindern mit Musik zu höheren Mathematikleistungen geführt hat, obwohl letztlich weniger Mathematiklektionen zur Verfügung gestanden haben.

Eine Tagung der Evangelischen Akademie Bad Boll unter dem Titel *Kind und Kunst* stellte unter solchen Prämissen drei Aspekte ins Zentrum. Diese charakterisieren das Kind sowohl als Produzentin und Produzenten als auch als Konsumentin und Konsumenten von Kunst (im weiteren Sinn). Thematisiert wurden Kinder als künstlerisch tätige Subjekte und als Gegenstand künstlerischen Schaffens. Zum dritten waren die Bezüge zwischen Kindern (als Produzierenden/Konsumierenden von Kunst) und der Kunst zu diskutieren. Darum sollte neben der wissenschaftlichen Debatte der entsprechenden Fragestellung die Erfahrung des Produzierens, des Künstlerisch-tätig-Seins für alle Teilnehmenden eine wichtige Rolle spielen. In fünf Ateliers/Werkstätten (Musik, Theater, Literatur, Malerei, Film), wurde der Aspekt des 'Kindes als eines Künstlers/einer Künstlerin' in praxisorientierter Weise von Erwachsenen und Kindern gemeinsam realisiert und auch ausgewertet. Zu diesem Zweck war eine Klasse der Schule in Boll eingeladen worden, Teile eines *Unterrichtsprojekts* im Rahmen der gegebenen Thematik innerhalb der Tagung, gemeinsam mit deren Teilnehmerinnen und Teilnehmern am Tagungsort durchzuführen. Die Produkte der entsprechenden Arbeit wurden während der Tagung im Plenum präsentiert und diskutiert. So gelang es, alle Beteiligten Kunst als kreatives Moment erfahren zu lassen (Wahrnehmen, Denken, Tun). Insgesamt waren zwei Kongressblöcke zu je vier Stunden der Werkstattaktivität gewidmet.
Mit der Publikation des nun vorliegenden Bandes möchten wir dem uns anlässlich der Tagung entgegengebrachten grossen Interesse nach Information zum Thema 'Kind und Kunst' entsprechen. Die darin abgedruckten Texte zielen darauf ab,

- über die gegenwärtig präsenten Strömungen des Umgangs mit dem Thema *Kind und Kunst* zu informieren;

- unterschiedliche Zugangsweisen zum Thema *Kind und Kunst* bewusst zu machen, darzustellen und kritisch auf ihren Gehalt hin zu befragen;
- Lehrkräfte und Eltern zu ermutigen, das Thema *Kind und Kunst* in Schulen und Familien zu tragen und damit zur Diskussion des Sachverhalts anzuregen.

Damit ist die Erkundung eines bislang kaum bekannten Feldes geplant. Dabei geht es nicht zuletzt um geschlechtsspezifische Sachverhalte des Zusammenhangs von *Kind und Kunst* sowie um Fragen der Kreativitätsförderung bei Kindern und Jugendlichen im Hinblick auf deren spätere Tätigkeit in Industrie und Wirtschaft.

Wir erörtern drei *Fragen*, deren Antworten in diesem Bereich sowohl für ausserschulische als auch schulische Erfahrungs- und Lernprozesse relevant sind:

Wie wird das Kind in der Kunst dargestellt?
Was macht das Kind zu einem Künstler/einer Künstlerin?
Welche Bezüge zwischen dem Kind als Konsumentin/Konsumenten und als Produzentin/Produzenten von Kunst gibt es?

Angesprochen sind fünf *Themenfelder*: das Kind und die Musik, das Kind im Theater, das Kind und die Literatur, das Kind und die Malerei, das Kind im Film.

Die Thematik richtet sich an Lehrkräfte, Studierende, Eltern, Vertreterinnen und Vertreter von Lehrerverbänden und kommunalen Kulturinstitutionen, Fachdidaktikerinnen und Fachdidaktiker der kunstbildenden Fächer, Multiplikatorinnen und Kulturadministratoren, Journalistinnen und Journalisten sowie in der Schulverwaltung Beschäftigte.

Im November 1998

T. Fitzner, Bad Boll
W. Stark, Bad Boll

H. U. Grunder, Tübingen

I

Das Kind und die Kunst

WILFRIED GRUHN

1. Kindliche Lernwelt Musik

Ein Forschungsprojekt zum frühkindlichen Musiklernen

Es gehört zu den allgemeinsten Erfahrungstatsachen, dass ganz grundlegende Fähigkeiten bereits im frühen Kindesalter erworben werden: der aufrechte Gang, das Verstehen und Sprechen der Muttersprache, der Aufbau einer symbolischen Begriffswelt, die Vorstellung von Mengen und Zahlen, die Erkundung von Raum und Zeit. Wie scheinbar mühelos und ohne formelle Unterweisung dies geschieht, macht der Vergleich mit dem Erlernen einer Fremdsprache in späteren Lebensjahren deutlich. Was uns als Kindern bei unserer Muttersprache spielerisch leichtgefallen ist, wird beim späteren Erlernen einer Fremdsprache als viel schwieriger empfunden. Man muss Vokabeln lernen, Grammatik üben, Regeln anwenden etc. Eine solche Beobachtung des spielerischen Lernvorgangs beim kleinen Kind stösst uns auf die Frage, wie denn Kinder überhaupt lernen; denn offenkundig lernen sie anders als Erwachsene.

Musiklernen – Sprechenlernen

Bleiben wir, um uns einer ersten Antwort anzunähern, noch einen Augenblick bei dem Vergleich mit der Sprache. Der Säugling wächst vom ersten Tag seines Daseins in einer Sprachumgebung auf: Er hört – zunächst noch unbewusst – die Laute und Wörter, in denen die Eltern und Geschwister miteinander sprechen. Er hört aber – zunehmend bewusster – auch, wenn Mutter oder Vater ihn ansprechen. Sie tun dies zwar häufig in einfachen, kurzen Wörtern mit der typischen Verdopplung (Mama – dada – wauwau etc.), aber keineswegs ausschließlich. So ist das Kleinkind von Anfang an bereits von einem sprachlichen Lautfeld umgeben, das aber nicht aus abstrakten Phonemen und Morphemen besteht, sondern immer alle Ausdrucksvaleurs der Mitteilung, der Affekte und Emotionen, der Gesten und Haltungen einschliesst. So lernt der Säugling schon früh, erste Laute mit Bedeutungen in Verbindung zu bringen. Gleichzeitig können wir eine intensive Erkundung aller mit dem Sprachorgan produzierbaren Laute in der 'Lallphase' beobachten, während derer dann solche Laute am meisten heraustreten und 'geübt' werden, die in der jeweiligen Muttersprache am häufigsten vorkommen. Dies ist ein erster Schritt der Akkulturation.

So wächst das Kind allmählich in eine Sprachgemeinschaft hinein. Es lernt sprechen, ohne sich um grammatische Regeln und syntaktische Normen zu kümmern. Es ist auch niemand da, der ihm erklärt, was Zähne, Zunge, Lippen oder der Mund tun müssen, um einen bestimmten Laut (z. B. das ‹sch› oder ‹f› oder das guttorale ‹ch›) zu erzeugen. Die Muttersprache ist die erste (meist einzige) Sprache, die wir ohne Sprachlehrer lernen, die wir sprechen können, ohne die Grammatik zu kennen, die wir so verinnerlicht haben, dass wir in ihr denken und träumen können. Das Kind lernt auf solche Weise, nur das zu sagen, was es auch denken kann, d. h. was bereits als Bedeutung erfahren wurde (z. B. die Mama, das Fläschchen, der Teddy etc.). Die Grammatik erfährt es implizit durch die vielen richtigen Sätze, die es gehört hat, und leitet aus ihnen selbständig syntaktische Normen ab. (Dass es dabei immer wieder auch Fehler macht und verbessert werden muss, trägt gerade zu diesem selbstorganisierten Lernprozess bei.) Schliesslich ist das Kind in der Lage, eigene Gedanken zu formulieren und Sätze zu sagen, die ihm so noch niemand vorgesagt hat. Und erst dann, wenn es sprechen kann, lernt es auch Lesen und Schreiben.

Und wie ist es beim musikalischen Lernen? Schon die Bezeichnung 'Musiklernen' löst Unsicherheiten aus. Was ist damit gemeint? Am ehesten wird man daran denken, dass man Musik lernt, wenn man ein Instrument erlernt. Und das geschieht in der Regel frühestens mit fünf oder sechs Jahren (zuweilen auch schon früher, meist aber eher später). Doch wie und was lernt das Kind dabei? Das Instrument wird erklärt, die Haltung vorgemacht, die Notenschrift wird eingeführt und mit Griffen in Verbindung gebracht, und dann werden einfache Melodien (nach Noten) gespielt und Übungen gemacht. Deutliche Unterschiede zum Sprechenlernen fallen schon hier ins Auge. Zwar wächst das Kind auch in einer mehr oder weniger musikalisierten Umgebung auf, aber die gehörte Musik ist meist medial vermittelt. Es geschieht – im Vergleich zum Spracherwerb – nur selten, dass ein Kind so intensiv musikalisch 'angesprochen' wird wie sprachlich. Es hört viel weniger Musik, die unmittelbar an es gerichtet ist, die es wahrnehmen und verstehen kann. Sodann ist das Kind schon viel älter als beim Spracherwerb. Das mag der Grund dafür sein, dass wir hier sehr häufig genau umgekehrt verfahren wie beim Sprechenlernen. Man beginnt mit der Schrift, gibt Erklärungen, zeigt, was man wie auf dem Instrument anstellen muss, damit es klingt. Seltsamerweise brauchten wir das alles nicht beim primären 'Instrument' – unserer Stimme, obwohl der Kehlkopf mit all seinen komplexen Knorpeleinstellungen und Bänderspannungen und der vom Zwerchfell 'gestützte' Luftstrom bei lauten Tönen und gehaltenen Klängen viel komplizierter ist als eine Blockflöte oder Gitarre. Der einfache Grund liegt darin, dass das Ohr die Kontrollinstanz für all die Muskeleinstellungen ist, die zur 'richtigen' Lautproduktion nötig sind. Dieser 'phonological loop', also die Rückkoppelung *auraler* und *oraler* Vorgänge, ist eine ganz zentrale Voraussetzung für die richtige Lautbildung. Müsste das gleiche nicht auch für das Lernen eines Instruments oder überhaupt für musikalisches Lernen gelten?

Musikalische Repräsentationen

Wie das Beispiel mit der Sprache gezeigt hat, vollzieht sich der Prozess des Lernens dadurch, dass im Wechselspiel von Hören und sinnlichem Erfahren und dem praktischen Erkunden und Erproben innere Vorstellungen von Sachverhalten erworben werden. Diese Bedeutungen können dann mit bestimmten Lautkombinationen verbunden werden. Dabei werden alle Begriffe für Kinder zunächst über körperlich enaktive Prozesse vermittelt. Kinder müssen konkret mit den Dingen umgehen, sie fühlen, riechen, schmecken, hören und sehen, bevor sie sie benennen. Wenn Musik nun ähnlich wie die Sprache eine zeitliche Struktur hat, syntaktischen Gesetzmässigkeiten folgt und bestimmte Strukturprinzipien aufweist, dann müsste der Vorgang des Lernens ganz ähnlich verlaufen: Kinder müssten ganz viel verschiedene Musik hören (nicht nur pentatonische Kinderlieder und Rufterz-Abzählverse), mit ihrer Stimme ganz viele Klänge erkunden, was sie ohnehin tun, was durch erweiterte musikalische Hörerfahrungen aber angereichert werden könnte. Sie müßten so, wie bei der Sprache, musikalische Bedeutungen erwerben – Bedeutungen hier aber nicht im aussermusikalischen Sinn (also nicht wie häufig bei eigens für Kinder komponierter Musik, dass bestimmte Instrumente mit Figuren oder Tieren oder Handlungen verknüft werden), sondern im Sinne innermusikalischer Bedeutungen. Kinder können sehr bald ein sicheres Gefühl für das Ende einer Phrase (Melodie), einen Grundton, für verschiedene Metren etc. entwickeln. Dies geschieht – wie beim Sprechenlernen – durch enaktive Prozesse, also dadurch, dass körperlich erlebt wird, was als Bedeutung gelernt werden soll.

Wir wissen noch (zu) wenig über die frühkindlichen Lernprozesse, aber wir wissen, dass Kinder anders lernen als Erwachsene, dass sie auf anderes achten und erst lernen müssen, welche Kriterien Erwachsene beachten, wenn sie etwas als gleich oder verschieden bezeichnen. Ein Ton einer Melodie beispielsweise ist für Kinder an jeder neuen Stelle, an der er auftritt, verschieden, weil er eine verschiedene Funktion im Lied erfüllt und einen verschiedenen Text hat, auch wenn die Tonhöhe an sich gleich ist. Wenn wir 'gleich' sagen, beziehen wir uns auf die Tonhöhe; wenn ein Kind die gleiche Erscheinung aber als 'verschieden' einstuft, bezieht es sich womöglich auf die Lautstärke oder die Klangfarbe oder den Text oder anderes. Das gleiche gilt für den Erwerb kultureller Normen, z. B. helle Klänge als 'hoch', dunkle als 'tief' zu bezeichnen, sie also mit räumlichen Kategorien zu belegen, obwohl an hohen Tönen nichts hoch ist ausser der Frequenzzahl. Auf dem Klavier liegen hohe Töne *rechts*, auf dem Cello sind sie *unten* auf dem Griffbrett, bei der Geige *dicht* am Steg etc. Das Verstehen solcher Konventionen kann aber nur gelingen, wenn zunächst das sinnliche Erleben ausserhalb dieser Konventionen ernst genommen wird.

Dazu gehört auch, dass wir uns klarmachen, dass für Kleinkinder andere Kategorien als für Erwachsene wichtig sind. Das Aufwachsen des Kleinkindes geschieht in Raum und Zeit, es erkundet dabei seinen Raum und erfährt die subjektiv erlebte Zeit. Während Erwachsene zählen und messen, um Raum und Zeit zu erfassen, erleben Kinder Raum und Zeit im Vollzug fliessender Bewegungen und in der Erfahrung von Schwere und Leichtigkeit. Was für uns *Maß* und *Zahl* bedeuten, sind für

Kinder *Fluß* und *Gewicht.* Das wird wichtig beim Erleben und Verstehen der elementaren Grundlagen der Musik: des Rhythmus. Schon der Name bedeutet ja 'Fluss', 'Strom'. Der Rhythmus ist gekennzeichnet durch den Wechsel von leicht und schwer, den Kinder zunächst körperlich erfahren müssen – durch die Erfahrung ihres Körpers, das Gewicht ihrer Arme, den Widerstand eines Gegenstands, den man schwingt, rollt oder anstösst. Das jedem Rhythmus zugrundeliegende Metrum ergibt sich aus der fließenden Bewegung, die wir ausführen, wenn wir uns im Raum bewegen.

Derartige enaktive Prozesse führen zu kinästhetischen Erfahrungen. Diese werden als figurale Repräsentationen im neuronalen Netz gespeichert und bilden die Grundlage für unser implizites Wissen und Können. Die amerikanische Musikpsychologin Jeanne Bamberger hat als erste in Anlehnung an Piaget zwischen 'figuraler' und 'formalcr' Repräsentation unterschieden. Sie stellte bei der Arbeit mit Montessori-Glocken[1] bei einem neunjährigen Schüler fest, dass dieser zunächst eine Melodie mit den Glocken so aufstellte, dass jedem Ton im Ablauf der Melodie eine neue Glocke entsprach. Dem ersten Ton in der Melodie entprach somit die erste Glocke in der Reihe. Auf diese Weise entstand eine 'figurale', d. h. gestalthaft abbildende Darstellung der Melodie.

C G A G F E D C

Abb. 1 'Figurale' Darstellung der Melodie

Darstellung der Melodie „Morgen kommt der Weihnachtsmann" („Ah, vous dirai-je, maman", „Twinkle, twinkle little star") mit Montessori-Glocken in figuraler Anordnung. Die Glocken mit dunklem Fuss stellen doppelte Glocken dar, die hier wegen der zweimal wiederkehrenden Töne C und G notwendig sind.

Erst auf einem langen Erkundungsweg, auf dem der Schüler die Identität der Tonhöhe einzelner Glocken entdeckte, gelangte er zu einer einfacheren Lösung, bei wiederholten Tönen auf die bereits benutzte Glocke zurückzugreifen. Dies Verfahren befähigte ihn schließlich dazu, die Melodie auch aus der Tonleiteraufstellung der Glocken spielen zu können.

C D E F G A

Abb. 2 Glockenaufstellung der Melodie

Darstellung derselben Melodie, nun allerdings mit einer Glockenaufstellung in der Anordnung der Tonleiter. Jetzt kann der Spieler bei der Melodie nicht mehr der Aufstellung der Glocken folgen (figural), sondern er muss eine formale Vorstellung von der Anordnung der Tonhöhen haben, die es ihm erlaubt, sich beim Spielen der Melodie auf den Glocken vor- und zurückzubewegen.

Gleichzeitig entdeckte er dabei, dass er nun mit diesem Tonvorrat auch viele andere Melodien spielen konnte. Seine nur eine einzige Melodie 'figural' abbildende Vorstellung war in eine allgemeinere, globalere, abstraktere 'formale' Vorstellung übergegangen. Musikalisches Lernen kann nun also als der Vorgang beschrieben werden, durch den sich genuin musikaliche Repräsentationen bilden, die dann vom figuralen Modus zur formalen Repräsentation umcodiert werden.

Neuronale Grundlagen

Wir können uns Lernen auch als einen neuronalen Vorgang vorstellen, bei dem synaptische Verbindungen erzeugt werden, in denen musikalisches Denken kreist. Lernen ist damit auch ein physiologicher Vorgang, der mit dem Wachstum der Nervenzell-Verbindungen und ihren Verschaltungen zu tun hat. Insofern braucht Lernen – was alle Pädagogen wissen – Zeit, viel Zeit. Wenn Lernen zu wirklichem Können und dauerhaftem Wissen führen soll, muss man Zeit haben, diese neuronalen Verbindungen wachsen zu lassen. In jüngst durchgeführten neurobiologischen Untersuchungen[2] konnte gezeigt werdem, dass und wie sich Lernen auf die Ausbildung neuronaler Aktivierungsmuster auswirkt. Die neuronale Intensität aktivierter Nervenzellen (das Aktionspotential) kann über eine EEG-Ableitung gemessen und in topographische Karten übertragen werden. Auf diese Weise können verschiedene Aktivierungsmuster nachgewiesen werden, die mit unterschiedlichen Lernformen in Verbindung stehen.

Die günstigste Zeit zur Bildung solch mentaler Repräsentationen ist in der Zeit der grössten zerebralen Plastizität, die in den ersten drei bis fünf Lebensjahren besteht. In dieser Zeit findet die unglaubliche dichte Vernetzung der Nervenzellen innerhalb und zwischen den Cortex-Arealen statt. Weil das Gehirn in dieser Zeit die grösste Plastizität aufweist, gewinnen Lernprozesse informeller Art (also nicht formelles Training und mechanische Konditionierung) in der frühen Kindheit so eminente Bedeutung. Daher kommt der Musikerziehung in der Grundschule die höchste Bedeutung zu. Die besten Fachkräfte müssten vorbereitet werden, diese schwierige Aufgabe der musikalischen Unterweisung zu erfüllen. In den Jahren bis zum Schuleintritt sollte eine formelle Schulung zugunsten informeller Anleitung vermieden werden. Hier und nur so können die Grundlagen dafür gelegt werden, dass schulisches Lernen im Sinne formeller Unterweisung sinnvoll ansetzen und weitergeführt werden kann.

Das Projekt: Kindliche Lernwelt Musik

Auf der Grundlage lernpsychologischer Forschungsergebnisse begannen wir im April 1996 in der Musikhochschule Freiburg im Rahmen eines Forschungsprojekts mit einer ersten Kindergruppe ($N = 18$, 9 Buben und 9 Mädchen) mit Kindern im

Alter von 3 bis 5 Jahren (Durchschnittsalter 4 Jahre / 9 Monate). Seit November 1997 werden zwei Kindergruppen ($N = 21$) mit je 10 und 11 Kindern im Alter von 1 1/2 bis 3 Jahren (Durchschnittsalter 1. Gruppe 2 Jahre / 1 Monat; 2. Gruppe 2 Jahre / 2 Monate) unterrichtet. Aufbauend auf Prinzipien der Lerntheorie Edwin Gordons 'arbeiten' wir mit den Kindern zusammen mit ihren Eltern im Sinne muttersprachlichen Spracherwerbs. Dabei verzichten wir vollständig auf die Wortsprache (keine Geschichten, Anweisungen, Erklärungen) und auf visuelle Hilfsmittel. Alles ist auf das Hören und Tun gerichtet. Dabei ist es uns wichtig, dass die Kinder ein vielfältiges Hörangebot an gesungenen Melodien und gesprochenen Rhythmen erhalten, die sie selber erproben und imitieren können. Dazu erhalten sie eine Tonkassette mit den Liedern, Melodien, Rhythmen und rhythmisierten Versen zum häuslichen Anhören und Mitmachen.

Im Mittelpunkt stehen die Erkundung einer fliessenden Bewegung, die Erfahrung von schwerer und leichter Zeit, wobei Betonung als Gewicht erfahren wird, die Ausführung eines gleichbleibenden Tempos und die Stabilisierung eines Grundtongefühls. Zur körperlichen Erfahrung nehmen wir didaktische Materialien zu Hilfe. Die Kinder schwingen mit Reifen und springen auf die 'Eins' in sie hinein (Auftakt, schwere Zeit). Auf dem Trampolin erfahren sie ihr eigenes, individuelles Metrum im federnden Schwung mit dem eigenen Körper. Mit kleinen Sandsäckchen, die dem Partner in die Hände fallen gelassen werden, kann das Gewicht der 'Eins' kinästhetisch erfahren werden. Schwingende Seidentücher unterstützen einen gleitenden, kontinuierlichen Bewegungsfluss. Dabei wird alle körperliche Erfahrung durch musikalische (melodische und rhythmische) Äusserungen gestützt. Es unterrichten jeweils zwei Personen: ein/e Lehrer/in und ein/e Assisten/tin, die immer ein Modell bieten, das die Kinder aufgreifen und imitieren können. Dabei wird besonders darauf geachtet, dass die Kinder nicht beim Imitieren stehenbleiben, sondern mit- und vorausdenken, also einen Phrasenschluss erspüren, den fehlenden Grundton singen oder den spannungslösenden Schlag ausführen. Dieses innermusikalisch beziehende Denken hat Gordon *Audiation* genannt. Die Bemühungen in der Kindergruppenarbeit richten sich daher darauf, bei den Kindern Audiation anzubahnen, mit deren Hilfe sie den wahrgenommenen Klängen und Strukturen erst musikalische Bedeutung geben können. Sie hören dann nicht mehr isolierte Töne, sondern können Klänge tonal und metrisch auf eine Grundform beziehen. Dabei handelt es sich aber ausschließlich um den Aufbau eines impliziten Wissens, nie um das Erlernen von Bezeichnungen und Namen. Lange bevor sie wissen, was eine Synkope ist, können sie sie spielend in einem gegebenen Metrum ausführen.

Da Kinder leichter und besser von Kindern lernen als von Erwachsenen, finden alle Aktivitäten immer in begrenzt altersheterogenen Gruppen statt. Hier können einzelne immer schon etwas, was andere noch nicht können, aber von ihnen übernehmen möchten. So finden ständig Interaktionsprozesse zwischen Unterrichtenden mit Kindern und zwischen Kindern mit Kindern statt. Dabei hat es sich als besonders wichtig erwiesen, dass nicht immer nur gleiche Übungen wiederholt und trainiert werden (skill training), sondern dass möglichst unterschiedliche Angebote gemacht werden. Denn das Gehirn braucht immer wieder neue, kleine Stimulationen, neue Informationen als Nahrung gewissermassen, damit es nicht ermüdet. Zudem wissen wir, dass wir nur erfahren, was etwas ist, wenn wir es mit etwas anderem vergleichen können, was es nicht ist. Ohne einen Begriff von 'heiss' zu haben, wäre es unmöglich, etwas als 'kalt' zu erleben. 'Hell' kann etwas nur genannt werden, wenn man weiß, dass es auch 'dunkel' gibt etc. So stehen die Lieder und Melodien, die wir den Kindern singen, nicht nur in Dur und Moll, sondern ebenso auch in Dorisch und Mixolydisch, also alten Modi, die ähnlich, aber doch in für den Klang wesentlichen Nuancen anders sind als Dur und Moll. Kinder lernen dann besser (genauer, sicherer) in Dur und Moll zu singen, wenn sie auch dorische und mixolydische Melodien gehört und erfahren haben.

Ziel unseres Forschungsprojektes ist es, die einzelnen Lernstadien und Lernwege bei Kleinstkindern zu erkunden und bestimmte Phasen zu bestimmen, in denen sich Lernen vollzieht. Hier zeigen sich drei deutlich unterscheidbare Stadien. Das erste Stadium ist das der *Akkulturation*, bei dem das Kleinkind die Klänge seiner Umgebung teils noch unbewusst, teils schon bewusst und interessiert aufnimmt. Diese Phase endet mit der bewußten Zuwendung zu der Klangquelle. Vollkommen selbstvergessen lauscht das Kind dem Klang. Im Stadium der *Imitation* versucht es, die Klänge und Bewegungen zu imitieren, ohne jedoch die exakte Synchronisation mit dem Erwachsenen und der Musik zu beachten und noch ohne in seinen Bewegungen koordiniert zu sein. Dann wird es sich seiner eigenen Tätigkeit bewusst, beobachtet sie und erkennt, dass es nicht mit sich selbst und der Musik koordiniert ist. Es versucht nun, seine Patterns und Rhythmen, seine Bewegungen und Aktionen dem musikalischen Ablauf, dem vorgestellten und innerlich vollzogenen ('auditierten') Verlauf anzupassen. Die Phase der *Akkomodation* ist erreicht.[3]

Zur Evaluation der Projektziele werden verschiedene qualitative Verfahren der kriteriengestützten Beobachtung, der Video-Analyse und der Verhaltensbeobachtung eingesetzt. Wichtig ist inhaltlich, dass Lernen nicht zum Memorieren theoretischen Wissens verkümmert, sondern zu musikalischer Kommunikation und Produktion befähigt (wie bei der Sprache auch). Und so, wie man erst Geschichten erfinden kann, wenn man sprechen und denken gelernt hat, und erst dann die Geschichten aufschreibt, wenn man sie erzählen kann, richtet sich unser Projekt kindlicher Lernwelten auf die Vermittlung musikalischen 'Sprechen-könnens'. Lernpsychologisch bietet die *Imitation* dazu den Einstieg. *Improvisation* liefert das methodische Verfahren, um zur *Audiation* zu gelangen, die die Voraussetzung für *Kreativität* ist, also für die Fähigkeit, sich musikalisch frei, aber sinnvoll, d.h. regelgeleitet im strukturellen Kontext einer Musikkultur äussern zu können. Dass dabei das syntaktische Gefüge einer musikalischen Struktur nicht explizit zu sein braucht, versteht sich ebenso von selbst wie bei der Sprache, wo es dem Kind (und auch dem Erwachsenen) gar nicht einfällt, sich beim Sprechen die grammatische Konstruktion explizit bewusst zu machen. Insofern mag das Projekt zur kindlichen Lernwelt Musik auch als kleiner Beitrag am Rande des umfassenderen Symposionsthemas „Kind und Kunst" verstanden werden.

Literatur

In den letzten Jahrzehnten hat sich die musikpsychologische Forschung verstärkt dem frühkindlichen Musiklernen gewidmet. Zahlreiche Untersuchungen wurden durchgeführt, in internationalen Konferenzen vorgestellt und publiziert. Zur Einführung in das Verständnis kindlichen Lernens sei auf folgende Literatur verwiesen:

Bamberger, J.: The Mind Behind the Musical Ear. How children develop musical intelligence, Cambridge MA, Harvard Univ. Press 1991

Deliège, I.; Sloboda, J. (Eds.): Musical Beginnings. Origins and developments of musical competence. Oxford, Oxford Univ. Press 1996

Gardner, H.: Der ungeschulte Kopf. Wie Kinder denken (1991). Stuttgart 1993

Gordon, E. E.: A Music Learning Theory for Newborn and Young Children. Chicago, GIA Publ.Inc 1990

Gruhn, W.: Der Musikverstand. Hildesheim 1998

Gruhn, W.: Musiklernen, in: Musik und Unterricht (Heft 31) (Themenschwerpunkt). Seelze 1995

Anmerkungen

1 Bei Montessori-Glocken handelt es sich um ein didaktisches Material nach Maria Montessori. Die einzelnen Glocken sind äußerlich vollkommen identisch, aber in der Tonhöhe verschieden. Zur Unterscheidung der Tonhöhen ist man allein auf sein Gehör angewiesen.

2 Vgl. dazu die Experimente von E. Altenmüller und W. Gruhn, dargestellt u. a. in: Music, the Brain, and Music Learning, Chicago 1997. Vgl. dazu ferner dies., Music Perception 1998 (i. Dr.); W. Gruhn: Das Bild der Musik im Kopf, in: Musikpädagogische Forschungsberichte 1995. Augsburg 1995, S. 11–40; W. Gruhn: Der Musikverstand. Hildesheim 1998.

3 Diese Einteilung folgt Gordons Befunden (A Music Learning Theory for Newborn and Young Children, 1990). Gordon bezeichnet allerdings das dritte Stadium als 'Assimilation'.

ANDREAS FLITNER

2. Kinder zeichnen und malen

Die Zeichnungen von Kindern, etwa vom vierten oder fünften bis zum zwölften Lebensjahr oder darüber hinaus, üben einen eigentümlichen Reiz auf die Betrachter aus. Sie haben eine Frische, Direktheit, Unbekümmertheit, sie sprechen jeden an, der Augen im Kopfe hat. „They are simply good to look at", schreibt eine englische Kollegin, Jacqueline Goodnow (1977), auch wenn wir gar nicht wissen, warum wir sie so 'gut' finden. Die Buchverlage und die Plakat-Grafiker haben das längst entdeckt und bedienen sich aus dieser unerschöpflichen Quelle für Werbung, Umschläge und Einpackpapier; auch das verwöhnteste und bild-überfüttertste Publikum spricht offenbar darauf an.

Abb. 3a Kinderzeichnung

Dabei ist es kaum ein Jahrhundert her, dass das Zeichnen der Kinder überhaupt wahrgenommen wurde und eine Aufmerksamkeit bei Forschern und bei einem wachsenden Publikum fand. Das geschah in Verbindung mit der neuen Wahrnehmung des Kindes, mit der aufkommenden empirischen Kinderpsychologie, aber auch mit der Veränderung der bildenden Künste zu Beginn des 20. Jahrhunderts.

in: Grunder, H.U. / Fitzner, T. / Stark, W. (Hrsg.): Kind und Kunst, Baltmannsweiler 1999, S. 10 - 19

Die ersten Bücher, die sich mit Kinderzeichnungen beschäftigten, waren entwicklungspsychologisch orientiert. Bekannt wurde vor allem Georg Kerschensteiners Werk über die zeichnerische Entwicklung aus dem Jahre 1905, worin er hunderttausende von Zeichnungen Münchner Schulkinder auswertete und Fragen der Altersentwicklung, der Geschlechtstypik und der künstlerischen Begabung an dieses Material gerichtet hat. Als 'Begabung' galt dabei allerdings noch die frühe Vollkommenheit realistischer Wahrnehmung und eine frühreife Perfektion des Zeichnens, wie sie etwa das Selbstportrait des 12jährigen Albrecht Dürer kennzeichnet; wir würden heute sagen: Gerade die Schritte der Überwindung der spezifisch kindlichen Sicht- und Malweise waren für Kerschensteiner interessant. Auch die ästhetischen Fragen an dieses Material wurden noch im Sinne des 19. Jahrhunderts und seines Kunstideals behandelt.

Ebenfalls um die Jahrhundertwende begann man, Kinderzeichnungen öffentlich auszustellen und Kunstmuseen und -salons für Bilder von Kindern zu öffnen. Alfred Lichtwark, der berühmte Leiter der Hamburger Kunsthalle, machte den Anfang (1898) und löste damit heftige Debatten aus: Durfte man die 'infantile' Kunst an die Seite der 'wirklichen' Künstler-Kunst setzen? Durfte man „Das Kind als Künstler" bezeichnen, wie es eine Programmschrift anlässlich der Hamburger Ausstellung tat (Goetze 1898)? Lag darin nicht eine Herabsetzung der reifen, beruflichen, akademischen Malerei? Auf grossen *Kunsterziehungstagungen* (1901–1905), zu denen ebenfalls Adolf Lichtwark den Anstoss gegeben hatte, wurden solche Fragen diskutiert und wurde vor allem der bisherige Kunstunterricht, der den Kindern das realistische Zeichnen beigebracht hatte, als falsch und schädlich erkannt. Wie lässt sich, so wurde gefragt, kindliches Zeichnen überhaupt fördern, wenn es denn so ist, dass Kinder ihre eigene Sicht, ihre Ästhetik und ihre Ausdruckskraft am besten und interessantesten zu Papier bringen, solange ihnen nicht dreingeredet wird und solange sie selber von den Fragen der 'Richtigkeit', der Perspektive, der Sichtbarkeit und ähnlichen Erwachsenenskrupeln möglichst wenig berührt sind?

Ein wichtiges Kennzeichen der neuen Bewertung des Kinderzeichnens ist auch das Interesse, das einige der grossen Maler des frühen 20. Jahrhunderts, ja der Schlüsselfiguren der modernen Malerei wie Wassily Kandinsky und Paul Klee, den Kinderzeichnungen gewidmet haben. Erst in unseren Tagen ist das, infolge einer gemeinsamen Ausstellung des Münchner Lenbachhauses und des Berner Kunstmuseums, in vollem Umfang bekannt geworden: wie sehr und wie genau sich die 'Modernen' des 20. Jahrhunderts mit Kinderzeichnungen befasst haben, wie die Künstler Bilder von Kindern gesammelt haben – einige dieser Sammlungen sind bis heute erhalten – und wie sie sogar diese Zeichnungen kopiert haben, um sich der eigentümlichen Sprache und Ausdruckskraft der Kinder zu versichern. Diese Ausstellung unter dem Titel „Mit den Augen des Kindes" (1995) – ihr Initiator war der amerikanische Kunstwissenschaftler Jonathan Fineberg – hat genau und auch anhand vieler Künstlerbiographien dokumentiert, dass für die Kunst des 20. Jahrhunderts Zeichnungen und Malereien von Kindern eine stetige Quelle von Anregungen und eine wichtige Bezugsrichtung für grosse Maler der Epoche geworden und durch das ganze Jahrhundert geblieben sind.

Menschenbilder

Die menschliche Gestalt ist von jeher ein Hauptgegenstand kindlichen Zeichnens und damit auch ein Hauptinteresse der erwachsenen Betrachter gewesen. Die Fragen der 'Richtigkeit' der Darstellung im Sinne von Genauigkeit, Vollständigkeit und Realistik haben dabei zunächst die Betrachtungsweise beherrscht: Wie lange malen Kinder das, was man „Kopffüssler" zu nennen pflegt? Wann zeichnen sie Arme, Beine, Hände, Füsse und die richtige Zahl von Fingern und Zehen? Wie entstehen aus den linien- und strahlenförmigen Gebilden nach und nach erkennbare menschliche Glieder? Ganze Testsysteme wurde auf die Beobachtung der üblichen Differenzierungsschritte gegründet. „Draw a man" hiess die Aufgabe in dem bekanntesten dieser Tests von Florence Goodenough (1926) – „Zeichne einen Menschen, so gut du kannst". Die fertigen Zeichnungen wurden ausgewertet mit Punkten, die für die Genauigkeit und die Anzahl der Details vergeben wurden: Augen, Ohren, Nase, Mund, Pupillen, Tränen, Nasenlöcher, Proportionsmerkmale usw. wurden jeweils mit Punkten bedacht. Aufgrund der Auswertung grosser Zahlen von Kinderzeichnungen konnte man eine 'Standardisierung' vornehmen, d. h. die 'Normalentwicklung' ermitteln und die Kinder dann, nach ihren Zeichnungen, als Früh- oder Durchschnitts- oder Spätentwickler identifizieren. Dass man aber mit solchen Ergebnissen in Ziffernform, die den 'Entwicklungsquotienten' feststellen, eine nennenswerte Einsicht in die Situation und in die Ausdrucksfähigkeit eines Kindes bekomme, konnte nur eine Generation meinen, deren Entwicklungspsychologie an Normalentwicklungen glaubte und deren Pädagogik auf die *Herstellung von Normalität* ausgerichtet war. Dass Kinder von früh auf auch Vorlieben zeigen, dass sie eigene Gestaltungsinteressen verfolgen, dass sie erzählen wollen, dass sie Originalität der Beobachtung wie der Darstellung entwickeln und ganz andere Wege gehen, als die Erwachsenenhirne ihnen vorschreiben möchten, das ist in solchen Tests überhaupt nicht vorgesehen. An den Gestalten und der Vielfalt der zeichnerischen Entwicklung gehen sie ganz vorbei.

Schon die berühmten 'Kopffüßler' der Drei- bis Vierjährigen oder, wie sie im Englischen heissen, die „Kaulquappen" (tadpoles) geben uns Rätsel auf: Warum sind sie so universal verbreitet, warum bei allen Kindern eine Zeit lang so beliebt? Es kann ja nicht sein, dass die Kinder, wenn sie nur den Kopf und die Beine zeichnen, den Leib 'übersehen' oder vergessen haben. „Das Kind zeichnet von den Dingen nicht, was es sieht, sondern was es weiss", lautete eine Formel, mit der sich viele Besonderheiten der Kinderzeichnung erklären liessen (Luquet 1927). Aber für den Kopffüssler (und manches andere) reicht auch diese Erklärung nicht aus. Das Dreijährige weiss schon sehr viel mehr über seinen Leib, als die Zeichnung besagt. Es kann meist die wichtigsten Teile seines Körpers richtig benennen; von einem so simplen Körperbild, wie es die Kaulquappenzeichnung wiedergibt, kann in der Vorstellungswelt des Kindes kaum noch die Rede sein.

Auch die Behauptung, das Gesicht (als der Ort der Begegnung und der Sinne) und die Beine (als die Instrumente der Bewegung) seien die wichtigsten Erfahrungsorgane und stünden so eindeutig im Vordergrund des Interesses, dass demgegenüber die anderen Körperteile fortgelassen werden könnten, leuchtet nicht ein: Warum sollten die Arme und die Hände, die Organe des Tuns, des Tastens, der Erkundung, der Tätigkeit, die bei den Kopffüsslern so oft fehlen, weniger wichtig sein als die stets vorhandenen Beine?

Maureen Cox (1993) hat drei- und vierjährigen Kindern im Tadpole-Stadium Zeichnungen mit verschiedener Realistik vorgelegt und hat die Kinder wählen lassen, welche Darstellung sie die beste fänden und welche die schlechteste. Die Kinder haben fast ausnahmslos die Kopffüssler-Zeichnung als die beste bezeichnet und eine Zeichnung, die sehr viel realistischer war, bedenkenlos die schlechteste, „the most silly" genannt. Die Kinder werten offenbar ihre eigene Zeichnung nicht als das Ergebnis ihres Unvermögens, sondern finden sich durchaus in Übereinstimmung mit ihrer Darstellungsweise: So ist es richtig, so soll die Zeichnung eines Menschen aussehen. Auch wenn Kinder darauf aufmerksam gemacht wurden, dass der Leib oder der 'Bauch' in der Darstellung fehle, oder wenn sie gar angewiesen wurden, ihn nachzutragen, sind sie meist mit kleinen Lösungen oder Andeutungen – entweder an der Rundung des 'Kopfes' oder zwischen den Beinen – z. B. mit Kritzelstrichen oder einem Bauchnäbelchen, zufrieden. Und sie kehren schon bei ihrer nächsten Figur wieder zu ihrer früheren Unvollständigkeit zurück. Die 'vergessenen' Arme werden dabei – meist vom Kopf-Leib ausgehend – williger hinzugefügt als ein gesonderter Bauch oder Leib.

Schemata oder 'Skripte' – eine Zeichen-Schrift

Das lässt darauf schliessen, dass die Zeichenformen zur gemeinten Realität nur eine lockere Verbindung haben, dass sie vielmehr eine Art 'Schrift' darstellen – eine Bilderschrift etwa wie die ägyptischen oder chinesischen Schriftzeichen. Für Mensch, für Hand, für Haus, für Blume oder Baum werden bestimmte Zeichen gefunden, die nach Grösse, Farbe, Details abgewandelt werden, aber eine gleiche Grundform behalten. Das bedeutet ein Haus: ein Quadrat mit spitzem Dach, mit Tür und Fenster, Schornstein und Rauch. Es ist unbedeutend, ob das eigene Wohnhaus oder die Stadthäuser der Umgebung so ähnlich aussehen; es ist ein Zeichen für Haus entstanden, das lange beibehalten, nur in Details eventuell ergänzt wird – eine Formel, die das Kind und oft auch die Adressaten dieser Zeichnungen erkennen und die am Gegenstandswissen nicht weiter gemessen zu werden braucht.

Diese Zeichen oder Schemata (oder 'Skripte') können auch Sachverhalte bezeichnen, die gar nicht zu sehen sind, z. B. die Sonnenstrahlen (mit denen das Kind gewiss nicht die in seltenen Wetterlagen sichtbaren Schattenränder der Wolken meint, die Strahlen bilden können), oder gar das übliche Sonnengesicht. Es können auch Handlungszusammenhänge zeichenhaft dargestellt sein, wenn z. B. eine Wandtafel und ein danebenstehendes Kind durch eine Kritzellinie verbunden werden, welche sagen soll, dass das Kind an der Tafel tätig ist.

Die Neigung zu schematischer, formelhafter Zeichnung bedeutet nicht, dass diese Formeln oder Schemata von der gesehenen und sonstwie erfahrenen Wirklichkeit unberührt bleiben. Es kommen nicht nur Details hinzu, die den Kindern aus irgendeinem Grund zeitweise oder dauernd wichtig werden – Ohrringe und anderer Schmuck, der Hut als Männerkennzeichen (unabhängig davon, ob im Erfahrungsbereich überhaupt Hüte getragen werden), Vorhänge in Wolkenform, detailreiche Interieurs usw. Es wird aber, darüber hinaus, auch an kognitiven Problemen gearbeitet, die durch das bisherige Schema nicht abgedeckt werden können: etwa dass eine weitere Seite des Hauses sichtbar sein soll, oder dass das Laufen eines Kindes oder die Geschwindigkeit des Rollers eine Verbildlichung, eine Ergänzung der Zeichnung verlangen. Es gibt auch Kinder, die sich offensichtlich aus ästhetischem Vergnügen, aus Freude am Hervorbringen bunter, detailreicher Bilder mit viel Phantasie und viel Realistik mit den Kurzformeln der 'Bilderschrift' nicht begnügen, sondern an den Ausgangsschemata unermüdlich weiterarbeiten.

Auch wenn Kinder etwas abmalen, greifen sie lange Zeit auf ihr Repertoire an Zeichen oder Schemata zurück. Das was die Kinder sehen und zeichnen wollen, wird weithin nicht nach der Wirklichkeit abgebildet, sondern es wird gewissermassen in die Schrift der geläufigen Zeichen übertragen, in „zeichenbare Grundformen zerlegt". „First I think and then I draw my think" – so beschreibt ein Kind selber diesen Vorgang (Schuster 1993). Flachdachhäuser oder Reihenhauszeilen werden mit dem Haus-Dach-Schornstein-Schema wiedergegeben; der Reihenbau wird in Einzelhäuser aufgelöst, als wenn die Realität kaum wahrgenommen würde – sie wird eben 'übersetzt' in eine Abfolge von Zeichen, die dem Kind vertraut sind und die es, gewissermassen als Kürzel, befriedigen.

Für jedes Element einen eigenen Platz

Deshalb interessiert es die Kinder auch lange Zeit hindurch gar nicht, wie die Gegenstände, wenn man sie in den Blick fasst, einander überschneiden, verdecken, nur teilweise sichtbar sind. Überschneidungen werden überhaupt in Kinderzeichnungen so lange als möglich vermieden. Jedes Element ist ein Stück der zeichnerischen Erzählung und erhält seinen eigenen Platz auf dem Blatt. Und wenn an der Stelle, an der wir es vermuten würden, kein Platz mehr vorhanden ist, so wird es ungeniert entweder weggelassen oder an eine andere Stelle gesetzt, wo es ausreichend Platz finden kann.

Jacqueline Goodnow hat Situationen planmässig herbeigeführt, in denen Kinder für das, was sie zeichnen sollten, keinen rechten Platz auf dem Blatt mehr vorfanden und darum andere Lösungen suchen mussten. Nur selten haben sich die Kinder dadurch in die Enge gedrängt gefühlt und widersprochen: „Das geht doch nicht mehr hin!“ Fast nie wurden, selbst in dieser Lage, Überschneidungen in Kauf genommen. In der Regel suchten die Kinder einen Weg, auf dem sie für jedes geforderte Element doch noch einen Platz finden konnten, auch wenn für den Betrachter dabei eigentümliche Gebilde entstanden. Ist z. B. der Haarschmuck üppig ausgefallen, so dass am Kopfleib kein Platz mehr für die Arme übrig bleibt, so werden diese ohne viel Federlesens an die Beine angesetzt. Ist bei einem Eisenbahnwagen in Aufriss-Ansicht der Raum unter dem Waggon durch zwei Räder schon besetzt und man fragt das Kind nach den zwei anderen Rädern, so wird das ganze in eine Draufsicht verwandelt, oder die Räder werden hinten oder vorne angesetzt, eventuell sogar der Wagen verlängert, jedenfalls irgendeine Lösung gesucht, in der diese weiteren Räder ihren vollen Platz bekommen können und nicht etwa – wie das Auge sie wahrnimmt – hinter den bisherigen Rädern nur in Teilansicht hervorschauen.

Ein „visueller Realismus“ (Luquet 1927; Widlöcher 1974), also Verdeckung, Überschneidung, Perspektive, Verkleinerung in der Ferne beginnt bei den meisten Kindern erst in der späten Grundschulzeit. Dabei sind vermutlich auch sprachliche Prozesse beteiligt, das Wissen und Benennen der Erwachsenen und z. B. auch das Nachzählen von Fingern oder Zehen, nachdem das Kind auf die Zahl – oder einen entsprechenden Abzählvers – einmal aufmerksam gemacht worden ist.

Symmetrie – Abfolge

Wenn nun jedes Element seinen eigenen Raum beansprucht und andere Wünsche und Aufgaben der Darstellung hinter diesem Prinzip zurückstehen müssen, so drückt sich darin gewiss keine bewusste Rangordnung der Stilmittel aus, sondern ein unbewusstes ästhetisches Bedürfnis, ein Ordnungsprinzip, dem die Darstellung folgt. Diese Ordnung zeigt sich vor allem darin, wie Symmetrien in einzelnen Figuren oder im Ganzen der Zeichnung hergestellt werden. Der Prozess der zeitlichen Abfolge ist in Einheiten unterteilt, die entweder eine zirkuläre Struktur haben oder in einem Symmetrie herstellenden Nacheinander ablaufen. Als Grundfiguren dienen dabei der Kreis (auch die ‘Sonne’ als Kreis mit Strahlen) und die ‘Leiter’ (oder das Gitter). Sie sind oft schon im Kritzelstadium aufgetaucht und dienen nun zum Ausbau auch der menschlichen Figur. Die Kinder neigen mehr zur einen oder mehr zur anderen dieser Grundfiguren. Das wird in ihrer Arbeitsweise, wenn wir sie als Abfolge, als Sequenz betrachten, nochmals deutlich.

Wir folgen auch hier wieder den Untersuchungen von Jacqueline Goodnow (1977), die die Abfolge des Zeichenvorgangs beobachtet, zum anderen mit bestimmten

Vorgaben, die von den Kindern ergänzt wurden, experimentiert hat. Die menschliche Figur und ihre Symmetrie bilden dabei ihren Hauptgegenstand.

Die Kinder beginnen fast alle mit dem Zeichnen des Kopfes und arbeiten von oben nach unten. Vorschulkinder setzen mehrheitlich paarweise Elemente (also Augen, Arme, Beine) in der Reihenfolge: erst das rechte Auge (oder Bein), dann das linke. Im Schulalter ändert sich bei vielen Kindern die Reihenfolge: sie geht nun mehrheitlich von links nach rechts. Sie wird also wahrscheinlich durch das Schreiben beeinflusst. (Diese Annahme könnte man nur überprüfen, indem man Kinder aus anderen Schriftsystemen gleichermassen beobachtete.) Ebenfalls ändert sich die bevorzugte Richtung beim Zeichnen von Kreisen (etwa des Kopfes oder der Hände und Füsse oder anderer 'Sonnen'). Während in der Vorschulzeit die Kreise eher im Uhrzeigersinn gezeichnet werden, überwiegt bei den Schulkindern die Kreisbewegung gegen den Uhrzeiger, die beim Schreiben der Kursivschrift die sehr viel häufigere Rundbewegung bildet. Weiter ist auffällig, dass Kinder die Ausstattung ihrer 'Männchen' oder 'Weibchen' in Abfolgeeinheiten vornehmen, die in einer gewissen Routine ablaufen, so dass z. B. Arme und Beine oder Hände und Finger wie in einem Zug hintereinanderweg gezeichnet werden. (Dabei gibt es wieder die beiden Typen 'Sonne' oder 'Leiter': Kinder, die die Arme und Beine im Kreis herum an den Kopfleib fügen (meist mit den Beinen beginnend); und solche, die paarweise Arme und Beine ansetzen, in derselben Reihenfolge, in der sie die Augen eingesetzt haben.

Abb. 3b Männchen

Vielleicht hängen mit diesen Abfolgen auch die unterschiedlichen Verfahren zusammen, mit denen Kinder das Insgesamt ihrer Menschenzeichnung vervollständigen. Es gibt Kinder, die von oben nach unten arbeiten und dann nichts mehr hinzufügen; wenn also etwas dabei vergessen ist, wird es nicht nachgetragen und offenbar die Zeichnung auch nicht mehr kontrollierend durchgegangen. Andere Kinder gehen so vor, dass sie erst die wichtigsten Stücke der Menschenfigur von oben nach unten erstellen und dann nach oben zurückkehren, um Details wie Mund, Nase, Ohren, Brillengläser, Knöpfe u.ä. hinzuzusetzen. Merwürdigerweise kommen Arme und Hände dabei oft erst an letzter Stelle dran. Beim ersten Verfahrenstypus führt das oft dazu, dass die Arme ganz vergessen werden, und zwar nicht nur von Vorschulkindern. Auch hier ist also wieder vor Deutungen zu warnen, die das Weglassen der Arme mit vielerlei Spekulationen verbinden – sie haben manchmal keinen ordentlichen Platz mehr, oder sie werden in der Abfolge eifrigen Malens einfach vergessen.

Abb. 3c Der Mantel wird über die Figur gezogen

Transparenz (Röntgenblick)

Von den 'Sequenzen' her lässt sich auch ein Blick auf die Transparenz oder „röntgenartig" genannten Darstellungen in der Kinderzeichnung werfen. Die Durchsichtigkeit oder Einblicksmöglichkeit in das Innere von Häusern oder von Körpern bereitet den zeichnenden Kindern an sich keine Schwierigkeiten und fügt sich in ihre übliche Darstellungsweise durchaus ein. So wie Kinder zwischen Seiten- und Vorderansicht oder auch Drauf-Sicht, zwischen Nahem und Fernem mühelos hin und hergehen, jeweils das Wichtige oder Prägnante hervorhebend, so zeichnen sie auch das Innen und das Aussen eines Gegenstands oder eines Lebewesens ohne besondere Probleme. Ihr grafisches Erzählen ist nicht an eine bestimmte 'Sicht' gebunden. Dass das Äussere das Innere 'verdeckt', wird erst in einer späten Phase zum Problem.

Mühelos werden etwa von einem Siebenjährigen die Knödel, die ein Mensch verschluckt hat, in den Bauch hineingezeichnet; mühelos auch werden die inneren Geschehnisse und Einrichtungen eines Hauses im Schnittverfahren offengelegt, während das Dach gleichzeitig in seiner Aussenansicht darübergesetzt ist. Die „Boa-Bobs" in Saint-Exuperys berühmter Erzählung „Der kleine Prinz", die einen Elefanten verschluckt hat, würde gewiss von den meisten Kindern nicht als ein merkwürdig gewellter Schlapphut gestaltet, sondern entweder in Draufsicht, damit man die Schlange erkennt, oder im Querschnitt ihres Verdauungstrakts, damit man den Elefanten sehen kann. Das gehört, wie gesagt, zu den Selbstverständlichkeiten der Kinderzeichnung, und die Vermutungen über psychische Besonderheiten derjenigen Kinder, die solche 'Röntgen'-Darstellungen häufig wählen, gehören für diejenigen, welche viele Kinderzeichnungen gesehen haben, ins Reich der Spekulation.

Man kann solche Transparenz- oder Röntgen-Darstellungen auch selber hervorrufen, wie es B. S. Mann und E. B. Lehmann (1976) getan haben: „Zeichne einmal eine Frau mit einem langen, langen Rock" lautete ihre Anweisung, oder „Zeichne einen Mann, der einen Mantel anhat, weil es draussen kalt ist". Auch die Bitte, zunächst einen Menschen (des eigenen Geschlechts) zu malen und daneben einen weiteren mit Rock und Mantel – oder gar: dem gemalten Menschen noch ein solches langes Kleidungsstück anzuziehen –, ruft häufig 'Transparenz'-Darstellungen hervor. Unter der Vielfalt von Lösungen sind diejenigen dabei besonders interessant, in denen das Kleidungsstück zur Menschenfigur hinzugesetzt wird – wobei wieder die Schwierigkeit auftaucht, dass der Raum schon besetzt ist, den der Mantel oder der lange Rock einnehmen sollen. Mit Ein- oder Anfügungen wissen Kinder auch hier die Überschneidung zu vermeiden. Auch in Abb. 3c wird der Mantel so aufgelegt oder 'angezogen', dass die bisherige Darstellung erhalten bleibt, während die Zeichner von 3c (bei kleineren Kindern) und 3a das Kleidungsstück wohl oder übel über die bisherige Figur ziehen und damit die Durchsichtigkeit erzeugen, oder besser: die innere Kleidung und den äusseren Mantel gleichzeitig darstellen. Auch hier ergibt sich das Problem und schliesslich die Lösung aus der Abfolge dessen, was dargestellt werden soll.

Coda

An den Beispielen ist zu sehen, dass eine ganze Reihe von Forschungen unterwegs ist, die die 'Ästhetik' der Kinderzeichnungen betreffen. Aber eine Gesamtschau, welche die erstaunlichen Phänomene kindlichen Zeichnens und Malens als ein wesentliches Gebiet der Kinderkenntnis und der Anregungen für Kinder darstellt, gibt es m. W. noch nicht.

Der Almanach „Der Blaue Reiter" von 1911, die Programmschrift der ästhetischen Moderne, zeigt auf dem Titelbild einen Heiligen Georg, der gegen den Drachen anreitet. Rechts unten im Bildwinkel sieht man ein Kind, das mit aufgerissenen Augen dem Reiter entgegenblickt. Gemeint ist mit dem Drachen der Moloch der technisierten Zivilisation, gegen den die Kunst kämpferisch angeht, um das Kind und in ihm die Menschheit zu retten.

Wir erleben heute die Kunst wohl kaum noch als rettende Gegenwelt, sondern eher als gesteigerten Ausdruck der Zerrissenheit und Entfremdung. Im Zeichnen und Malen der Kinder tritt uns aber alles andere entgegen, eigentlich alles, womit die Kinder konfrontiert sind: Wahrnehmung der Welt und der Beziehungen, Ängste und Spannungen, fröhliche und wichtige Ereignisse, Hoffnungen, Wünsche, Anrufe an uns und vieles mehr. Es begegnet uns darin aber auch die Fähigkeit, dem Erlebten und Empfundenen Gestalten zu geben, die eine eigene Ästhetik, eine Ausdrucks- und Überzeugungskraft besitzen, die uns Erwachsenen als Betrachtende und Miterlebende immer wieder in Erstaunen versetzt.

Literatur

Cox, M. V.: Children's Drawings of the Human Figure. Hove/Hillsdale 1993

Fineberg, J.: Mit dem Auge des Kindes. Kinderzeichnung und moderne Kunst. (Katalog der Ausstellung im Lenbachhaus, München, und im Kunstmuseum Bern 1995). Stuttgart 1995

Goetze, C.: Das Kind als Künstler. Hamburg 1898

Goodenough, F.: Measurement of Intelligence by Drawings. New York 1926

Goodnow, J.; Children's Drawing. London 1977

Kerschensteiner, G.: Die Entwicklung der zeichnerischen Begabung. München 1905

Kläger, M.: Verständnis für Kinderkunst. Ordnungsprinzipien bildnerischen Handelns. Hohengehren 1997

Luquet, G. H.: Le dessin enfantin. Paris 1927

Mann, B. S.; Lehman, E. B.: Transparencies in children's human figure drawings. In: Studies in Art Education 18(1976), p. 41–48

Richter, H.-G.: Die Kinderzeichnung. Entwicklung, Interpretation, Ästhetik. Düsseldorf 1987

Schuster, M.: Die Psychologie der Kinderzeichnung. 2. Auflage, Berlin, Heidelberg 1993

Widlöcher, D.: Was eine Kinderzeichnung verrät. München 1974

STEPHANIE VORTISCH

3. Ein Kind hat hundert Sprachen, hundert Hände, hundert Gedanken

Ein Kind
hat hundert Möglichkeiten:
Ein Kind hat hundert Sprachen,
hundert Hände,
hundert Gedanken.
Es besitzt
hundert Weisen zu denken,
hundert Weisen zu spielen,
hundert Weisen zu sprechen.
Ein Kind hat hundert Sprachen,
aber neunundneunzig
werden ihm geraubt . . .

Loris Malaguzzi

Diese hundert Möglichkeiten des Kindes zu erkennen, zu achten, zu fördern und zu erhalten, ist eine Sicht- und Arbeitsweise in der Theaterpädagogik. Es ist auch eine Voraussetzung für die Hinführung zur Kunst mit Kindern.

Mein Beitrag besteht aus elf Thesen. Den Thesen habe ich die Antworten meiner Theaterkinder vorangestellt. Es sind ungewöhnliche und überraschende Dokumente, die Ergebnisse einer Befragung; und die sehr sorgfältigen und ehrlichen Antworten dieser Theaterkinder werden Sie erstaunen. Diese Kinder haben zum grössten Teil mit fünf oder sechs Jahren mit dem Theaterspielen begonnen und mittlerweile eine langjährige Theater-Praxis. Schon oft habe ich mich gefragt, ob Theaterspielen mit Kindern Kunst sei. Es müsste ja eigentlich Kunst sein, denn es ist Theater und Theater ist eine Form von Kunst. Aber was ist Theater? Ich zitiere den „Grossen Knaur": „**Theater**, unmittelbare Darstellung von Regungen und Handlungen des Menschen in künstlerischer Form durch Schauspieler, als Stegreifkomödie (Improvisation), als Pantomime (stummes Spiel) oder als Verwandlung eines dichterisch geformten Textes (Drama) in sinnlich erfassbarem Geschehen." Diese „unmittelbaren Darstellungen von Regungen und Handlungen des Menschen", da bin ich ganz sicher, das zeigen meine Spieler auf der Bühne. Nun heisst es aber auch „. . . in künstlerischer Form durch Schauspieler" . . .

Die Frage lautet demzufolge: Was macht das Kind zu einem Schauspieler oder zu einer Schauspielerin? Und genau das versuche ich zu beantworten. Ich behaupte, dass Kinder Schauspieler sein können, dass sie die Schauspielkunst lernen können und wollen. Ebenso wie sie die künstlerische Form erlernen können. Doch was ist

Kunst? Ich zitiere wieder den „Grossen Knaur“: „**Kunst**, Gestaltung geistig-seelischen Erlebens in Wort, Musik, Gegenständen; Vermittlung der sichtbaren Realität durch Formen, die aus der Phantasie des Künstlers und seinem Umgang mit einem eigenständigen Material entstehen.“

Auf meine Frage: „Was ist Kunst für dich?“, antwortet Julia, 11 Jahre: *„Kunst. Ja, was ist Kunst? Ich denke, Kunst ist eine Art von Gestaltung und Erfindung. Beim Theaterspielen macht man auf jeden Fall Kunst, denn Theater ist Kunst.“* Für Julia, ohne Zweifel, ist Theaterspielen Kunst, Julia spielt Theater, also macht Julia Kunst. Und Kathi, 11 Jahre, meint: *„Kunst ist für mich etwas Besonderes, etwas ganz Persönliches und etwas, was so unterschiedlich sein kann wie die verschiedenen Tier- und Pflanzenarten auf der Welt. Kunst ist eine Art, wie Menschen sich ausdrücken können. Kunst ist etwas für Reiche. Wenn ich Theater spiele, ist das für mich keine Kunst, sondern Arbeit. Für den Zuschauer und den Regisseur ist es wahrscheinlich Kunst.“* Das gefällt mir besonders gut.

Wie können Kinder Schauspieler werden? Wie kann ich sie zu Schauspielern machen? Ich werde meine Erfahrungs-Wege beschreiben. Gelernt habe ich durch Versuch und Irrtum, durch Irr-Wege, auf Ab-Wegen, über glückliche Zufälle und Geduld. Auf diesen Weg habe ich als Regisseurin, Theaterpädagogin und Schauspielerin etwas mitgebracht: die Liebe zum Theater als Macherin und Zuschauerin, die Liebe zur Pädagogik, eine Schauspielausbildung, Regieerfahrung und ein Diplom in Pädagogik sowie fünfundzwanzig Jahre theaterpädagogische Praxis.

Die folgenden Thesen möchte ich für meine Theaterpädagogik als unabdingbar nennen.

1. Als Theaterpädagogin muß ich die Kinder ernst nehmen

Julia antwortet mir auf die Frage „Wie fühlst du dich beim Theaterspielen?“: *„Beim Theaterspielen brauche ich gute Laune, das Gefühl von allen verstanden zu werden. Dass man nicht ausgelacht wird, und seiner Phantasie freien Lauf lassen kann.“* (Julia, 11 Jahre).

Wir müssen uns gegenseitig ernst nehmen. Die Ideen, Vorschläge, Wünsche, Phantasien und Erfahrungen der Kinder fliessen in unsere gemeinsame Arbeit ein. Nur so, über das gemeinsame Gespräch, das Handeln und das Ausprobieren finden wir zusammen und haben Achtung voreinander. Und das kann sich zum Beispiel so anhören: „Was möchtest du spielen, Luise? Zeige es uns, mache es uns einmal vor! Ach, du bist eine Katze, das ist schön, die schaut so neugierig. Das machen wir jetzt alle einmal nach! (Publikum) Herrlich, so viele Katzen, sie sind zart und wild, schnell und langsam, klein und gross.“ Ich greife die Ideen auf und entwickle sie weiter. Alle Ansätze der Spieler werden positiv verstärkt. Für diese Form des gemeinsamen Miteinanders brauchen und finden wir Regeln.

2. Wir brauchen Regeln, die unsere kleine Gemeinschaft schützen

Lars, 12 Jahre, schreibt mir auf die Frage „Was brauchst du zum Theaterspielen?": *Konzentration und Verständnis untereinander sind für mich unbedingte Voraussetzung für das Theaterspielen oder wenigstens das Aufeinander-Zugehen.* "Wir brauchen einen Schonraum für die Theaterarbeit. Diese Regeln sind nicht starr und unveränderbar, sondern lebendig und flexibel, und wohl mehr als Hilfestellung zu verstehen. Sie helfen uns auf dem gemeinsamen Weg des Lernens: Wir halten uns an die Theaterregeln! Je nach Erfahrung und Bedürfnis der Gruppe können die Regeln variieren. Als Ziel beinhalten sie Absprachen, die Disziplin, Konzentration, Teamgeist und Kommunikation betreffen. Dabei sind Regeln als Rituale einfacher zu verstehen und einzuhalten. Ein paar Beispiele:

- Beginn und Ende der Probe/Stunde im Kreis mit einem Begrüssungs- und Abschiedsvers:

  „Wir wollen Theater spielen,
  für uns
  für Euch;
  wir haben Spass dabei,
  wir verneigen uns
  und sagen Hallo."
- Wir schauen genau hin und hören genau zu. Wir stellen Fragen und geben Antworten. Dazu die folgenden Spiele: „Spiegelspiele im Kreis, dabei lernen wir zu beobachten, zu sehen, wach zu sein, bereit zu sein." „Wir schauen uns in die Augen und warten bis wir dran sind: Klatschspiele."
- Eine ganz wichtige Regel ist:

  Wir sagen „Ja".

Das ist ein „Ja" für das Akzeptieren, für das Anworten, Zuschauen und miteinander Arbeiten. Ein „Ja", das die Kinder schon oft verloren haben; ein „Ja" der Neugierde und der Spontaneität. Ich erlebe bei Anfängern viele Blockaden und Verweigerungen. Das Gegenteil von akzeptieren ist blockieren. Keith Johnstone, erfahrener Theaterpädagoge aus Kanada, sagt: „Blockieren ist eine Form von Aggressivität. Jeder Schauspieler neigt dazu, das Angebot des anderen abzulehnen. Er will Zeit gewinnen, sich eine 'gute' Idee auszudenken, um dann zu versuchen, den Partner zum Mitmachen zu zwingen. Das Motto ängstlicher Improvisations-Spieler lautet: 'Im Zweifelsfall sag NEIN!' Mit diesem Motto versuchen wir im Leben, ein Geschehen aufzuhalten. Ins Theater aber gehen wir um zu sehen, wie an jedem Punkt, an dem wir 'nein' sagen würden, der Schauspieler nachgibt und 'ja' sagt. Daraus entwickelt sich auf der Bühne das Geschehen, das wir im Leben nicht zulassen würden" (aus „Improvisation und Theater", S. 160f.).

Wir akzeptieren die Angebote der anderen Spieler und gehen darauf ein, bzw. wir antworten ihnen. Dazu benutze ich die folgenden Spiele: „Baumspiel", „Offenes

Angebot“, „Geschenk“, „Spiegelspiel“. Zum Akzeptieren gehört, dass wir Sachen ausprobieren, die wir erst mal nicht als logisch, sinnvoll oder sogar als blöd, lächerlich und unangenehm empfinden. Mit all diesen Regeln und Spielen schaffen wir einen Raum mit hoher Akzeptanz, ohne Angst, und die Basis für gegenseitiges Vertrauen.

3. Eine Atmosphäre ohne Angst und mit Vertrauen bildet die Grundlage für intensives Arbeiten

Dazu Eva, 11 Jahre: *„Beim Theaterspielen lernt man den Umgang mit anderen Menschen, findet neue Freunde, lernt das laute Sprechen, das freie Sprechen, und man stärkt sein Selbstvertrauen.“*

Als Theaterpädagogin bin ich bereit und offen, Körpersprache, Mimik, mentale Widerstände und Spannungen der Kinder wahrzunehmen. Ich arbeite damit. Ich reagiere darauf. Ich nutze sie für die Improvisation: Die Gruppe ist zum Beispiel sehr verkichert. Ich reagiere:

- Reihum flüstern wir uns nacheinander etwas witziges ins Ohr. Der Empfänger muss sehr lachen.
- Wir sind alle Kichererbsen oder Lachsäcke und hopsen und lachen so lange, bis wir platzen.

Ich verfüge über ein Repertoire an Übungen, Spielen und Techniken, die ich je nach Stand und Bedürfnis der Gruppe einsetze und variiere. Spüre ich bei einzelnen Spielern Angst, bleiben wir lange genug im Kreis und machen einfache Spiele, und ich vermeide den Vorführ-Effekt. Über Augenkontakt, allmähliche Körpernähe, Spass und die Regel „Alles ist richtig, falsch gibt es nicht“ bildet sich Vertrauen.

4. Beim Theaterspielen haben wir Spass!

Dazu meint Tini: *„Beim Theaterspielen kann ich meine Phantasie spielen lassen, mich verstellen, in andere Rollen schlüpfen, Spass haben, ohne Zwänge frei spielen und mich auf meinen Partner einstellen, das alles und noch vieles mehr bedeutet und ist für mich Theaterspielen. Ich erlebe mich beim Theaterspielen sehr lokker. Es macht mir totalen Spass, denn es ist anders als Klavierspielen oder Sporttraining. Auf Klavierspielen oder Sporttraining habe ich öfters keine Lust, doch aufs Theaterspielen freue ich mich immer.“* Beeindruckend ist bei Tini und all meinen anderen Spielern ‘dieses sich frei und locker ohne Zwänge fühlen’. Die Theaterübungen und Theaterspiele haben für die Spieler einen stark erlebnisorientierten und aktiven Charakter.

Für Benjamin steht fest: *„Theaterspielen ist für mich, dass man mit Menschen Spass hat, sie von einer ganz anderen Seite kennenlernt. Das Theater macht mir*

Spass, weil man seine Phantasien spielen kann und weil man auf der Bühne Sachen machen kann, die man sonst eher nicht tun würde. Durch das Theaterspielen kommen Leute zusammen, die sich sonst nicht kennen und merken, dass sie hier etwas gemeinsam machen, was ihnen Spass macht. Mir machen die Proben immer sehr viel Spass, weil man dabei lachen kann und man auch weiss, dass man irgendwann das Stück aufführen kann, und den Leuten zeigen kann, was man entwickelt hat.“

Ganz deutlich hebt Benjamin den Spass in der Gruppe, das gemeinsame Erlebnis in der Gruppe, das Kennenlernen, das gemeinsame Arbeiten in der Gruppe, das gemeinsame Erfolgserlebnis hervor. Das heisst doch für ihn, mit anderen viel mehr Spass haben als alleine. Dazu abschliessend Lotte: *„Theaterspielen ist für mich eine schöne Freizeitbeschäftigung und macht total Spass. Theaterspielen bedeutet für mich viel Spass. Das Gute daran ist, immer wieder neue Erfahrungen zu sammeln. Ich finde das total toll, mich immer wieder in neue Rollen hineinversetzen zu können. Mir macht es total Spass und man lernt auch immer etwas dazu.“*

5. Inhalte! Zum Theaterspielen brauchen wir Inhalte

Julia, 11 Jahre, antwortet auf die Frage zur Themensuche: *„Die Themensuche und Themendiskussionen mag ich besonders gern, weil es sehr lustig ist, wenn alle so durcheinander reden und am Ende dann doch ein sehr gutes Ergebnis ‘rauskommt.“*

Wir beginnen ein neues Stück mit der Themensuche. Das ist natürlich gar nicht einfach, die verschiedenen Wünsche und Bedürfnisse der einzelnen Spieler unter ein Thema zu stellen. Dieses Ergebnis ist der erste Schritt, er führt zu themenorientierten Spielansätzen. Er hat noch nichts Endgültiges. Tini, zwölf Jahre, schreibt zur Themensuche: *„An der Themensuche liebe ich, dass jeder seine Vorstellung einbringen kann, und auch das gemeinsame Nähern ans Thema gefällt mir.“* Dieses Suchen nach Inhalten muss sich erst entwickeln. Bei neuen Gruppen und kleineren Kindern läuft das auf einer ganz anderen Ebene. Da mache ich klare Angebote von Inhalten. Die Themensuche ist ein langer Prozess. Während dieser Phase werden die verschiedenen Vorschläge ausprobiert. Die Themen kommen aus der Erlebniswelt oder den Wunschwelten der Spieler. Wir improvisieren zu Themen wie Streit, Schule, Freundschaft, Liebe, Angst, Zukunft, Drogen, Familie, Umwelt, Krimi. Und wir bauen Statuen: Was mich am meisten ärgert. Was ich am liebsten mag.

Sophie-Bo, dreizehn Jahre, erklärt das Verhältnis von Realität und Theater: *„Das Theaterspielen ist für mich die parallele Welt zur Realität. In der Realität kommt alles wie es kommt, in den Theaterstücken ist alles geplant von Text und Gesten, bis zu der Stimmung der Schauspieler.“* Für Sophie-Bo und viele andere gibt es beim Theaterspiel die Möglichkeit, Handlungen, Gefühle und Situationen für die Realität auszuprobieren, zu testen.

ler Gruppe statt. In dieser Gruppe partizipiere ich als
terstützend die Verantwortung für den Gruppenprozess.
zur Schulung von Ausdruck, Mimik, Beweglichkeit, Tem-
ik und vieles mehr werden Körper, Geist und Seele ganz-

e Basis für das Theaterspielen

im Theaterspielen kreativ." Julia, 11 Jahre.
echniken beim Theaterspielen, die Kreativität des einzelnen
rn. Zum Beispiel die Improvisationen von K. Johnstone:
og,
ichte,
Dialog.

geübten Spielern, dass sie in diesen unglaublichen Fluss von
en, bei dem sie endlos gut miteinander improvisieren. Zum
nfachen Orientierungsaufgabe 'Teil eines Ganzen' oder 'Wer,
eines Ganzen beginnt der erste Spieler mit der Darstellung ei-
, alle weiteren Spieler ergänzen das Angebot. Wir führen das
raft des Unbewussten, mit der Zielsicherheit eines Sportlers be-
ufgabe der Improvisation und haben viel Freude dabei. Dieser
irlich auch oder gerade bei der Kreativität intensive Vorarbeit
wir es ein Know-how oder Fachwissen von Theatertechniken.
Durchhaltevermögen bilden Voraussetzungen für Kreativität und
ereit sein, bekannte Wege, Sicherheiten zu verlassen und Neues

hen sind risikobereit", sagt Benny Golson, Jazzmusiker und Kom-
ativ ist, macht immer zwei Schritte in die Dunkelheit. Alle können
icht liegt. Sie können es nachahmen, gutheissen, abändern, ihm ei-
eben, aber die wahren Helden wagen sich in die Dunkelheit des Un-
"[1]

Mut und Fleiss kommen die kreativen Denkfähigkeiten, von Ama-
lefiniert. „Zu den kreativen Denkfertigkeiten gehört die Fähigkeit,
ahl von Möglichkeiten durchzuspielen, sich lange auf ein Problem zu
und hohe Ansprüche an die eigene Arbeit zu stellen. Ausserdem
ler Lage sein, die Dinge aus einer ganz neuen Perspektive zu betrach-
ke, genau das ist beim Theaterspielen, beim Proben, beim Inszenieren
nmer wieder stellen wir die Szenen und Improvisationen in Frage. Pro-
probieren nochmal, die Arbeit ist nie zu Ende, es gibt immer noch eine
h eine Möglichkeit, wir befinden uns immer noch auf dem Weg. Was
den Spielerinnen und Spielern zum Ausdruck kommt, ist der Spass am

Im zweiten Schritt werden die Inhalte theatral von mir aufbereitet und in den Übungen, den Techniken und den Improvisationen thematisiert. Diese praktische, lebendige Annäherung zu Inhalten führt zu ganz anderen Ergebnissen wie das Reden. Zum Glück hat die Theaterarbeit immer ein Thema, und gemeinsam mit diesem Thema und an diesem Thema können wir uns weiterentwickeln, abarbeiten, lernen und Theater machen. Dazu Nils, 12 Jahre: „*Vielleicht ist man, wenn man ein Stück oft aufgeführt hat und es schliesslich ablegt, auch ein wenig traurig. Aber wenn man dann mit der Gruppe Pläne für ein neues Stück schmiedet, verschwindet diese Traurigkeit, denn man lässt sich nun auf was Neues ein. Und es ist immer wieder spannend, neue Themen zu diskutieren.*" Auseinandersetzung und Identifikation sind beim Theaterspielen sehr intensiv, zudem kommt der Erfolg der gemeinsamen Leistung. Und es fällt nicht nur Nils schwer, sich nach nur zwei bis vier Auftritten von den Rollen, Inhalten und dem Stück zu lösen. Ein Abschied.

6. Theaterspielen ist eine Form des Lernens

Nils antwortet auf die Frage: „Was magst du an den Probenphasen?" „*Ich mag und liebe es, bei den verschiedenen Spiel- und Probenphasen immer wieder zu sehen, was man schon gelernt hat, und immer wieder neue Dinge dazu zu lernen, die man auch später umsetzen kann.*" Beim Theaterspielen gehen wir von einem ganzheitlichen Menschenbild aus. Körper und Psyche sind eine Einheit. Es ist ein lebendiges Lernen mit Kopf, Hand und Herz. Lernen mit Kopf, d. h. denken, verstehen, sprechen, wahrnehmen; Lernen mit Hand, d. h. mit allen Sinnen, schmecken, riechen, anfassen, bauen, machen, handeln; Lernen mit Herz, d. h. fühlen, einfühlen. Diese drei Elemente sind beim Theaterspielen alle integriert. Nichts geht ohne das andere. Ich möchte das mit einem Beispiel erklären:
„Die Blume blüht!"

Es ist etwas anderes, ob ich den Satz nur für mich lese, laut lese, schreibe, die Blume betrachte, eine Blume male oder die Blume spiele. Wenn ich sie darstelle, mich wie sie bewege, ihre Freude beim Aufblühen nachempfinde, mich auch noch als Blume kostümiere, schminke und mir eine Kopfbedeckung bastele, ist das ganzheitliches Lernen. Eva, elf Jahre, erklärt das mit ihren Worten. „*Beim Theaterspielen ist man frei, man kann improvisieren, sich verkleiden, schminken und mit Gegenständen arbeiten, die nicht vorhanden sind. Man kann andere Sprachen sprechen oder sich durch Körpersprache verständigen.*"

Abb. 4 Standbild aus dem Atelier

Abb. 5 Standbild aus dem Atelier

Dieses Lernen findet in
Spielleiterin und trage u
Bei den vielen Übungen
po, Konzentration, Gest
heitlich angesprochen.

7. Kreativität ist di

„Ich denke, jeder ist be
Es gibt eine Fülle von T
und der Gruppe förde
– der Drei-Wort-Dial
– die Ein-Wort-Gesc
– der Alphabetische

Ich erlebe es oft bei
Spielenergie gelang
Beispiel bei einer ei
wo, was'. Beim Teil
nes Maschinenteils
mal vor: Mit der K
wältigen alle die A
Zustand setzt nat
voraus. Nennen
Auch Fleiss und I
Mut! Ich muss be
auszuprobieren.

„Kreative Mens
ponist. „Wer kre
sehen, was im L
ne neue Form g
bekannten vor.

Zu Erfahrung,
bile wie folgt
ein grössere Z
konzentrieren
muss man in
ten." Ich den
gefordert. In
bieren neu,
Lösung, no
deutlich bei

Spiel. Eben dieser Spass und diese Leidenschaft am Theaterspielen sind wichtige Bestandteile der Kreativität. Es ist die „intrinsische Motivation, das Verlangen, etwas um des reinen Vergnügens willen zu tun, und nicht um dafür Geld oder andere Belohnungen zu bekommen. Wenn Menschen durch das reine Vergnügen an dem was sie tun motiviert sind, bekommt es den unverwechselbaren Geschmack der Kreativität“[2]

8. Die Empathie, das Einfühlungsvermögen entsteht und wächst beim Theaterspielen

Eva schreibt dazu: *„Theaterspielen macht Spass, denn man kann beim Theaterspielen ein anderer Mensch sein. Oder auch in die Rollen von Tieren, Pflanzen und unbekannten Lebewesen schlüpfen.“* Kinder schlüpfen gerne in Rollen, ob das Mensch, Tier, Pflanze, Ding, Element, Vorbild, Angst- oder Wunschvorstellung sei. Die Empathie ermöglicht den Kindern, sich in andere hineinzuversetzen, sich konträre Positionen, fremde Kulturen, Lebenswelten zu eröffnen und somit Interesse und Verständnis zu entwickeln. Wenn Theater das schafft, haben wir als Pädagogen schon viel erreicht. Durch Empathie sind sie in der Lage, mitmenschliche Verhaltensweisen zu deuten, menschenfreundlich zu denken und zu handeln. Zu diesem Hineinversetzen und Einfühlen ermutige ich die Kinder. Anfänger, meistens jüngere Kinder, spielen sehr gerne Tiere, Babies, Kinder und Eltern. Erst später, durch Übung und Erfahrung, wachsen sie in ihrer Darstellung über die Klischees hinaus und zeigen ein bisschen Wahrheit.

9. Theater spielen fördert und bildet soziale Kompetenzen

„Man sollte jeden akzeptieren in einer Gruppe, auch wenn man sie/ihn nicht mag.“ An dieser Äusserung von Nils sehen wir, dass er sehr differenziert seine Kollegen beurteilt und akzeptiert. Beim Theaterspielen entsteht innerhalb einer Gruppe eine Menge von sehr komplexen Vorgängen. Dadurch, dass die Spieler in diesen Gruppen denken, entscheiden, handeln, probieren, fühlen, erleben und leben, verfügen sie mit der Zeit über kognitive, emotionale und motorische Verhaltensweisen, die sich positiv auf ihre Entscheidungen in bestimmten Situationen auswirken. Hier einige Beispiele sozial kompetenten Verhaltens, die immer wieder auftauchen. Meine Spieler können oder lernen

- auf Kritik reagieren,
- Änderungen bei störendem Verhalten verlangen,
- Widerspruch äussern,
- Unterbrechungen im Gespräch unterbinden,
- sich entschuldigen,
- Schwächen eingestehen,

- unerwünschte Kontakte beenden,
- Gespräche beginnen, aufrechterhalten, beenden,
- erwünschte Kontakte arrangieren,
- um Gefallen bitten,
- Komplimente machen,
- Gefühle offen zeigen,
- Nein sagen und
- Versuchungen zurückweisen.

Ich habe in der Theaterarbeit mit Kindern die Möglichkeit, diesen Weg zu gehen. Gemeinsam können wir in unserem Arbeitsprozess als Nebenprodukt oder als Nebenresultat die sozialen Kompetenzen erwerben. Sie stehen dabei nicht im Blickpunkt bzw. Brennpunkt, sondern alles dreht sich um Theater, Theatertechniken und Inhalte und das damit verbundene Proben und Inszenieren.

10. Ganz wesentlich für die Theater-Arbeit ist die Intuition

„Ich liebe an den Spiel- und Probenphasen, dass man vom Thema abkommt und zwischendurch mal etwas ganz anderes macht“ (Tini). Was Tini so gerne mag, setzt bei mir als Theaterpädagogin ein flexibles und spontanes Verhalten voraus. Ich muss also genau das Bedürfnis der Gruppe kennen oder spüren. Ich frage mich: „Brauchen die Spieler jetzt Anregung von mir? Wollen die Spielerinnen jetzt alleine in Kleingruppen arbeiten? Wollen sie sich stark/wild bewegen? Oder bevorzugen sie die meditative Konzentration? Brauchen sie eine Herausforderung? Oder wollen sie lieber eine Wiederholung?“ Meinem Gefühl folgend kann ich mich sehr schnell entscheiden. Intuitiv erforsche ich ihre Bedürfnisse. Die Gruppe und die Spieler werden durch die Übungen und Techniken stabilisiert und sensibilisiert. Die Freude, der Spass, die positiven Erlebnisse stehen Fleiss, Disziplin und Ausdauer gegenüber. Bei all der Methodik und Didaktik, über die ich verfüge, kann ich aufgrund meiner Erfahrungen das Klima in der Gruppe schnell erfassen und über meine Angebote eine positive Atmosphäre schaffen. Sachverhalte wie Erschöpfung, Langeweile, Nervosität, Aggressionen fliessen in die Gestaltung der Proben ein. Ich muss mich immer wieder dem Stimmungsbild der Probe stellen und damit möglichst authentisch / wahrhaftig arbeiten. Ich empfinde das oft als eine Gratwanderung zwischen meiner Akzeptanz des Spielerverhaltens und dem Führungsstil. Das heisst: Was akzeptiere ich an Chaos, bis wohin ist es kreativ, was akzeptiere ich an individuellem Spielerverhalten, z. B. bei Störungen, und wann greife ich regulativ ein?

„Zum Theaterspielen brauche ich unbedingt gute Partner und einen Regisseur, der sich durchsetzen kann.“ Ich glaube, das ist nicht nur das Bedürfnis von Tini, alle Spielenden wollen geleitet werden.

11. Die Theater-Energie, ohne sie geht es nicht

„Theater-Energie kann man glaube ich nur erzeugen, wenn man kreativ ist, viel Phantasie hat, einem nicht peinlich ist, auf der Bühne seine Gefühle zu zeigen (spielen), und wenn man sich gut mit Rollen und Themen auseinandersetzen kann“ (Tini).

Endlich. Vielleicht ist das ja auch das Ziel! Dieser lange Weg zum Inszenieren. „Wie lernen wir es, erst einmal offen bejahend zu sein und behutsam langsam ‘besser’ zu werden, so dass Kritik zur Bereicherung, zur Unterstützung der vorhandenen Spieler-Qualität wird? Jetzt nach all den Jahren haben wir manchmal den angstfreien Raum, in dem wir etwas ‘Tiefes’ von uns zeigen können. In dem ‘meine’ Geheimnisse verstanden und die einfachsten (schwersten) Dinge auf der Bühne da sind, so dass die meisten Spielerinnen und Spieler sich selbst und die anderen spüren: laut und leise, schnell und langsam, verzögert und reduziert, leicht und schwer, tief und hoch, raumfüllend präsent, konzentriert und wahr.

Sie haben gelernt zuzuhören, sich selbst, mit- und untereinander. Raum, Zeit, Sprache, Stimme und Bewegung – nicht, dass sie/wir damit bereits souverän umgehen, bei Leibe nicht. Aber es ist da, die Tür ist offen. Wozu? Denn sie sollen ja nicht zwangsläufig Schauspielerinnen, Schauspieler und Regisseure werden: „Sie machen eine kreative und sinnvolle Erfahrung mit sich und den anderen, und die ist für sich allein wertvoll genug. Sie bereichert ihr Leben und gibt ihnen Orientierungshilfe auf der Suche nach ihrer Identität“ [3]

„... Kindertheater ist ein Theater der Freundlichkeit, der Wärme, der Lust, der Aufmüpfigkeit und des Zorns, ein Theater der Gefühle“
So und nicht anders sollten auch die Stücke von und mit Kindern sein!
„Da ist mein Auto, sagt der Schauspieler und zeigt auf eine Bierkiste. Ich bin das Pferd, sagt ein Kollege und wiehert. Und jetzt geht die Sonne auf, sagen beide und halten eine gelbe Scheibe hoch. Die Knirpse von heute müssen sich anstrengen, da mitzuspielen. Diese Anstrengung ist dringend notwendig für sie, denn diese Generation wird demnächst eine Menge Phantasie brauchen, um das Leben halbwegs lebenswert zu erhalten. Gutes Kindertheater kann dafür ein Unterrichtsfach sein.“ [5]

Eines ist sicher – die Kinder von heute, die Theater spielen, haben diese Phantasie und den Ausdruck, dass sie sich mühelos selbst in Pferd, Bierkiste, Auto und Sonne verwandeln und dies auch überzeugend darstellen.

Tini: *„Ich kann mir zur Zeit kein Leben ohne Theaterspielen vorstellen. Es gehört einfach zu meinem Leben dazu; und es macht mir Spass. Warum sollte ich dann damit aufhören?“*

Anmerkungen

1 in: Daniel Goleman, Kreativität entdecken. München 1997

2 ebda.

3 Vortisch, Stephanie: „Brutal“ – eine Collage zum Thema Gewalt. In: Korrespondenzen, Zeitschrift für Theaterpädagogik, Heft 22/ 10. Jahrgang 1994.

4 Schneider, Wolfgang: Einleitung zu Reclams Kindertheaterführer, Verf. von Henning, Fangauf, Stuttgart 1994.

5 Nöstlinger, Christine

BARBARA GELBERG

4. „So viel Welt auf einmal“: Kinder als Autoren*

Geschichten zu erzählen bedeutet Weltsicht vermitteln. Auch die Geschichten von Kindern sind ein Stück Weltsicht. Dass die meisten Erwachsenen immer noch auf diese Geschichten hinunterblicken, darüber schmunzeln, weil es ‘nur’ Geschichten von Kindern sind, sagt einiges über das Verhältnis von Erwachsenen und Kindern aus. Der Dialog scheint in weiter Ferne und doch so nah. Denn jeder, der näher mit Kindern zu tun hat, weiss mehr – weiss auch, dass die Sicht der Kinder eine ganz andere ist, bei der man vor Überraschungen niemals sicher sein kann. „Denn das Leben“, schreibt ein neunjähriges Kind, „das Leben ist ungeheuer gross und voller Gefahren.“

Man sollte das, was Kinder erzählen, immer ernst nehmen. Darum hat sich die Pädagogik der siebziger Jahre in besonderer Weise bemüht. In ihrem Erfahrungsbericht *Die Kraft geht von den Kindern aus* (1978) machte Iris Mann deutlich, „wie wichtig es für Kinder ist, eine Möglichkeit zu bekommen, uns ihre Gedanken und Erfahrungen mitzuteilen“[1]. Der Lehrer Ludwig Harig veröffentlichte 1982 eine Sammlung wunderbarer Schulaufsätze seiner Schülerinnen und Schüler unter dem Titel *Und sie fliegen über die Berge, weit durch die Welt.* Auch die vielzitierte *Schülerschule von Barbiana. Briefe an eine Lehrerin* gehört zu diesen Versuchen, aufzuzeigen, wie gross die erzählerische Kraft von Kindern ist, genauso wie Konrad Wünsches *Die Wirklichkeit des Hauptschülers. Berichte von Kindern der schweigenden Mehrheit.*

Peter Härtling schreibt zu seinem ersten Kinderbuch *Und das ist die ganze Familie* (1970): „Als ich dieses Buch schrieb oder, genauer gesagt, mitschrieb, was meine Kinder erzählen, begann man sich gerade für die Sprache von Kindern zu interessieren. Man entdeckte ihre Frische und Frechheit. Man fand überhaupt, Kinder müssten mehr ‘zu Wort kommen’!“[2]

Alle diese Veröffentlichungen hatten Vorbildcharakter und waren nicht ohne Einfluss. Der Erzählwettbewerb im Kindermagazin DER BUNTE HUND – um den es hier gehen soll – verdankt ihnen gewissermassen seine Existenz: Kinder erzählen für Kinder.

Es hat sich also seit jenen Jahren eine Menge geändert. Auch die Wirklichkeit der Kinder hat sich verändert. Und ich meine, sie ist nicht eben leichter geworden. Es sind keine rosigen Zeiten für Kinder. Und so gilt es nun, unter anderen Voraussetzungen Kinder als Kinder ernst zu nehmen. Vielleicht muss man heute das Kindsein der Kinder sogar verteidigen.

Das bedeutet auch, das Kind als Erzähler ernst zu nehmen – als Mensch, der etwas zu erzählen hat, dem die Lust zu erzählen noch nicht abhanden gekommen ist –; als Konsument wird das Kind in unserer Gesellschaft nämlich sehr ernst genommen.

Es gibt in der Schule heute wesentlich mehr Möglichkeiten, auf das Erzählen von Kindern Rücksicht zu nehmen. Doch das System Schule steht diesen Forderungen nach wie vor im Weg. Denn dort geht es in erster Linie um die Vermittlung von Wissen, das heisst um die Reproduktion von Wissen, das nach formalen Kriterien benotbar ist. Das freie Erzählen von Kindern aber, wozu auch die sogenannte Phantasieerzählung gehört, um die es hier gehen soll, entzieht sich solchen 'Leistungsfeststellungsverfahren'.

Dabei sind es nach wie vor die Lehrerinnen und Lehrer, von denen in der Praxis Anstösse zum Erzählen und Geschichtenerfinden kommen. Ihnen mag es ähnlich ergehen, wenn sie Texte von Kindern lesen, wie Ute Andresen es in ihrem Buch *So dumm sind sie nicht* beschreibt: „Eine wunderbare Geschichte, kein Wort zu wenig oder zu viel . . . Ich hatte gelernt, welche Kraft die schlichte Erzählweise der Kinder haben kann.“ [3]

Welche poetische Kraft von solchen Texten ausgehen kann, erzählt sie dann auch anhand eines Beispiels, das meiner Erfahrung mit Kindertexten sehr nahe kommt. Ein Kind schreibt in einem Text: „Es blutete. Es blutete“. Nachgefragt räumte das Mädchen wohl ein, dass es auch heissen könne „Es blutete *und* blutete.“ – „Das ist einfach, wenn es sehr stark blutet.“ [4] Und so hat dieses siebenjährige Mädchen ganz aus sich heraus einen poetischen Ausdruck gefunden, den man keinesfalls 'verbessern' sollte – etwa in: Es blutete stark.

Zu welch verblüffenden Einsichten in die Welt – dem Erwachsenen – die Sprache von Kindern verhelfen kann, wird auch anhand des Buches *Blume ist Kind von Wiese* deutlich. Eine Sammlung von Kindertexten, die die Wiener Lehrerin Helga Glatschnig in ihrem Deutschkurs für Ausländer gesammelt hat. Die Kinder sind, wie es Ernst Jandl in seinem Vorwort ausdrückt, „. . . ohne es zu wollen . . . zu einer Art Sprachkünstler geworden“. Da kommt einem Kind zu dem Stichwort „Seele“ nämlich folgendes in den Sinn: „Wenn man tot ist, ist nicht gestorben seine Seele. Die kreist in der Welt herum, sieht man aber nicht. Die Seele wiegt 1 1/2 kg. Man hat gefunden, als ein Mann gestorben ist, ist er um 1 1/2 kg leichter geworden.“ [5]

Solche Bilder können, so behaupte ich, jedoch nur in einem leistungsdruckfreien Raum entstehen, fern von Belehrung und Benotung. Denn es gilt, wie Hans Ludwig Freese es in seiner *Philosophie der Kindheit* ausdrückt: „. . . die Fragelust anzufachen, statt sie durch zudeckende Antworten zu ersticken und damit die Neugier und das Staunen, 'die Sehnsucht nach Wissen' wachzuhalten“.[6]

Die Schule erweist sich hierbei oft genug als Hemmschuh, die Fähigkeit zu Staunen geht dort nur allzu schnell verloren. Doch nur durch diese Fragen, durch dieses Staunen sind „neue, unverhoffte Einsichten möglich“[7]. Und damit eine eigene Weltbetrachtung. (Einem Kind erscheint es nämlich unverständlich, wenn es einen Aufsatz zurückbekommt mit der Bemerkung „Du kannst wirklich gut schreiben, aber schade, dass Deine Phantasie mit Dir durchgegangen ist. Deshalb leider nur eine Drei“ oder auch „Thema verfehlt: Fünf“.)

Deshalb gilt es, neben der Schule eben diese Freiräume zu schaffen, Voraussetzungen für ein „Innehalten, für die naive Betrachtung, Verharren, sich selbst sehen und das Leben, wie es an sich ist".[8] Anders gesagt: Kinder müssen die Gelegenheit bekommen, sich schreibend der Wirklichkeit zu nähern.

Die italienische Autorin Susanna Tamaro berichtet über ihre Entdeckung des Schreibens (als Studentin): „Dann kamen mir plötzlich eines Tages ... einige Wörter in den Sinn. Es war das erste Mal, dass mir so etwas passierte. Sofort trat ich in einen Tabakladen, kaufte ein Heft und einen Stift, lehnte mich an eine Mauer und schrieb die Wörter auf. Seitdem habe ich nie mehr zu schreiben aufgehört ... Mir war, als hätte zum ersten Mal in meinem Leben alles einen Sinn."[9] „Zur Sprache zur Welt kommen"[10] nennt dies Peter Sloterdijk.

Die Intensität, mit der sich Kinder wundern können, ja, mit ihrer Sprache die Welt erfinden können, das ist etwas, was Kindern ohne Mühe gelingt. Denn nur „in der Kindheit ...", so Leo Tolstoj, „erfassen wir dessen ganzes Geheimnis, fühlen, dass das Leben mehr ist als nur das, was unsere Sinne vermitteln. Später verlieren wir dieses Vorgefühl oder Nachgefühl der ganzen Tiefe des Lebens."[11]

Der Verlust jener magischen Kindheit beschäftigt den Erwachsenen zeitlebens, die Sehnsucht, „mit dem Auge des Kindes"[12] sehen zu können, lässt sich nicht vertreiben. Und deshalb, weil uns Erwachsenen das Staunen über die Welt abhanden gekommen ist, deshalb brauchen wir die Geschichten von Kindern.

Doch wie beim Lesen handelt es sich beim Erzählen „um eine Fähigkeit, die erworben und nutzbar gemacht werden muss, damit das Kind mit ihrer Hilfe die Wirklichkeit erobert und damit es grösser wird"[13], wie der italienische Publizist, Pädagoge und Kinderbuchautor Gianni Rodari (1920–1980) sagt. In seiner *Grammatik der Phantasie* führt er an, wie man Kindern helfen kann, Geschichten zu erfinden. Er vertraut dabei der Kreativität des Kindes und darauf, dass das Wort eine befreiende Wirkung haben kann. So geht es Rodari vor allem darum, Bedeutungen und Möglichkeiten der Sprache allen zugänglich zu machen: „Nicht, damit alle Künstler werden, sondern damit niemand Sklave sei."[14]

Das freie Erzählen (wozu ich auch das freie Schreiben zähle) bietet nicht nur eine Chance, dass Kinder spielerisch ihre eigene Sprache finden können, sondern auch eine der Möglichkeiten des Kindes, sich selbst kennenzulernen. Dies scheint immer wichtiger, denn für Kinder ist es heute nicht eben einfach, sich mit einer zunehmend komplexer werdenden Realität, wozu auch eine permanente mediale Reizüberflutung gehört, auseinanderzusetzen. Es wird also immer wichtiger, dass Kinder ihre eigene Welt entdecken können, bevor sie die Welt durch die audiovisuellen Medien kennenlernen: „Im Fernsehen aber ist die Sonne niemals warm."

Das Erzählen ist also nicht nur ein kreativer Akt des Schreibens, sondern ein Moment des ganz Bei-sich-Seins, um so schreibend sich selbst – und ein Stück Welt zu entdecken.[15]

Abb. 6 Friedrich Karl Waechter, Der Besuch (DER BUNTE HUND)

„Man kann die Welt aus der Höhe des Menschen, aber auch von oben, von einer Wolke aus betrachten", sagt Gianni Rodari. „Die Wirklichkeit kann man durch den Haupteingang betreten, aber auch durch ein Fensterchen in sie hineinschlüpfen"[16], was zweifellos spannender ist. Eines dieser kleinen Fenster könnte z. B. eine solche Phantasieerzählung sein, wie sie im BUNTEN HUND abgedruckt werden.

Den Erzählwettbewerb in dem Kindermagazin DER BUNTE HUND gibt es seit 1983, also seit fünfzehn Jahren. Drei Mal im Jahr erreichen mich jedesmal ca. 300–500 Geschichten, die Kinder im Alter von sechs bis vierzehn Jahren zu einem Bild von ganz unterschiedlichen Künstlern erzählen. Abgedruckt werden können jedesmal nur etwa vierzehn Geschichten pro Heft. Das aber scheint ein wesentlicher Anreiz für die Teilnahme zu sein. Dieser Erzählwettbewerb ist also ein Forum, in dem Geschichten *von* Kindern *für* Kinder erzählt werden. – Soviel ich weiss, das einzige dieser Art.

Gut die Hälfte der Geschichten kommt aus Schulen, oft mit Begleitbriefen von Lehrern: „Liebe Frau Gelberg ... wieder sind die schreibwütigen Schüler und Schülerinnen der Grundschule Harkshörn (4. Klasse) beim Erzählwettbewerb dabei. Nachdem im letzten Hund die kleine Geschichte eines Mitschülers abgedruckt wurde, haben die Kinder einen weiteren Sinn im Schreiben gefunden. DER BUNTE HUND hat ihnen eine besonders wertvolle Erfahrung ermöglicht. Keine grösseren Handstände mussten zur Weckung der Schreibmotivation unternommen werden. Jeder einzelne Schüler erkundigte sich schon seit Wochen ungeduldig, ob DER BUNTE HUND schon bei mir eingetroffen sei.“ [17]

Andere Briefe von Lehrerinnen klingen ähnlich, die Kinder sind sofort „Feuer und Flamme“ und schreiben „mit heisser Feder“, berichten ihre Lehrkräfte. Oder gar: „Auch meine lesefaulen Viertklässler sind nun auf den Hund gekommen“ oder „Die Schreiblust war sogar erheblich. Auf der Lustskala von 1–10 votierten vierzehn Kinder mit 10, vier mit 9, zwei mit 8 und zwei mit 7. Das habt Ihr mit Eurer Idee ausgelöst!“

Der Stapel mehrerer hundert handgeschriebener Kindergeschichten entlockt einem zunächst einmal nur ein unvermeidliches Seufzen. Doch das verändert sich alles in dem Moment, wo man anfängt, die Geschichten zu lesen. Denn alles (oder fast alles), was man da liest, ist erstaunlich.

Erzählt werden ganz unterschiedliche Geschichten, realistische zum Beispiel, die in einem normalen Kinderalltag spielen, oder phantastische Geschichten, es gibt Märchen oder SF-Stories, sie sind sehr komisch und lustig, aber auch ernst oder traurig, was von dem Bild und dem Kind abhängt.

Entscheidend ist, dass das Bild Gefühle auslöst, eine Spannung aufbaut und provoziert – drei Voraussetzung für das Phantastische. Wesentlich hierbei ist auch die Atmosphäre, die auf jüngere Kinder noch ganz unbewusst wirkt. Und: Kinder lehren einen das Sehen, denn sie entdecken jedes Detail in dem Bild, das sonst nur der Künstler sieht. Es gibt kein Erzählbild, das zu schwierig wäre, höchstens eines, das sie nicht interessiert.

Die Geschichten widerspiegeln demzufolge die Möglichkeiten eines Bildes. Wenn der Funke überspringt, dann ist in den Geschichten allerdings *alles* möglich, denn

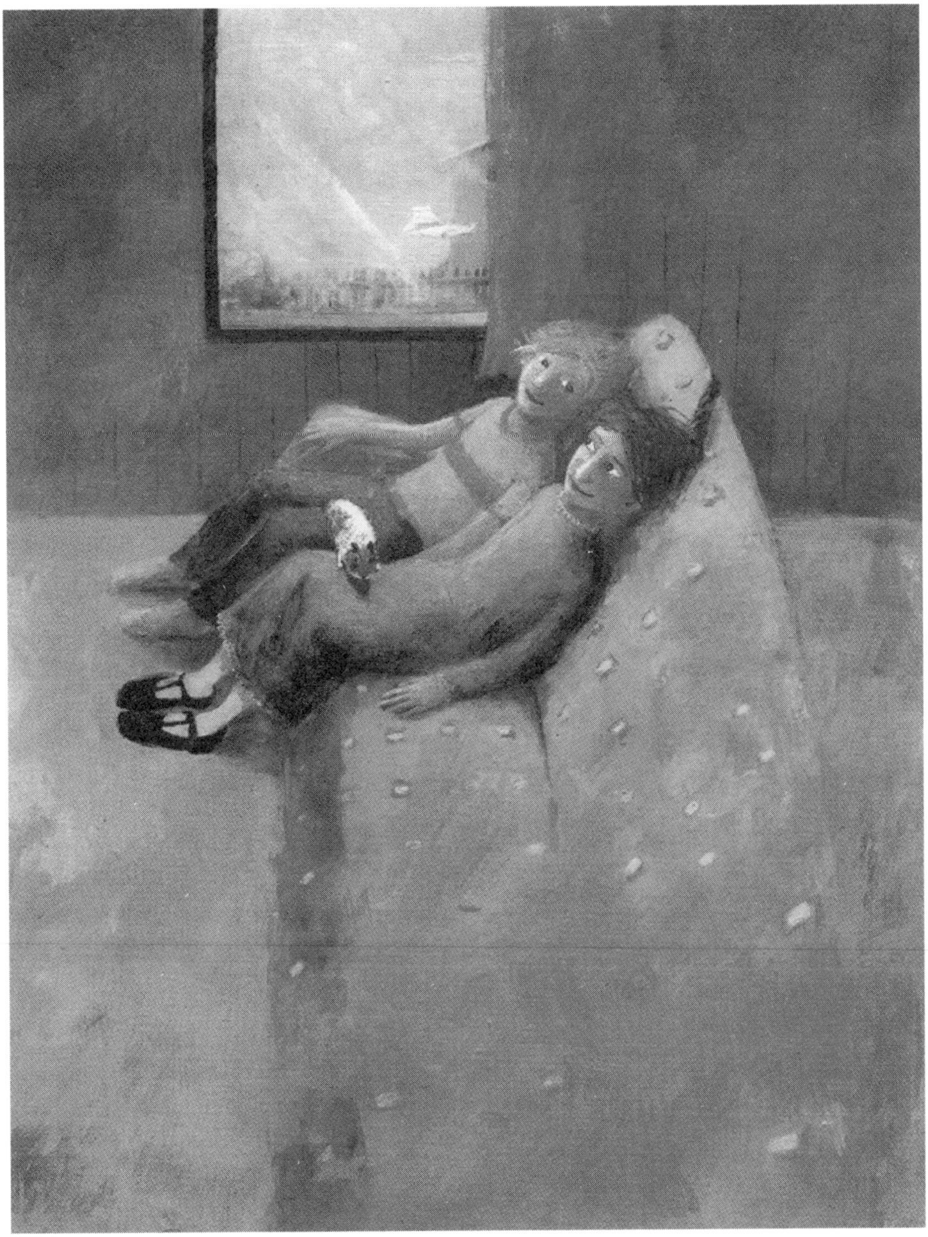

Abb. 7 Eva Muggenthaler: Heute ist farbiges Wetter (DER BUNTE HUND)

Kinder haben einen ausgeprägten Sinn für Un-Sinn und Rätselhaftes. Ja, sie können sich auf jede Ungereimtheit einen Reim machen, denn ihr Denken „ist noch nicht festgelegt und eingeengt durch konventionelle Antworten".[18] In ihrer Ich-Bezogenheit identifizieren sich die Kinder vollkommen mit dem Bild und gehorchen „als Erzähler einer inneren Stimme"[19].

Der Satzanfang „Es war einmal ..." katapultiert einen mühelos in vergangene Zeiten. Der kann auch lauten: „Vor sehr langer Zeit, als ich noch sehr klein war ..." Sätze wie „Ich bin zwar klein, aber stark" oder "Wenn das Endlose naht", „Er war sozusagen ein glückliches Kind" oder „Die langen Grashalme an meinen Beinen und die glühendheisse Sonne in meinem Gesicht" oder „Heute ist farbiges Wetter" (zu dem Bild von Eva Muggenthaler) lassen vermuten, was hinter den Geschichten steckt. „Gewiss, da ist die Ästhetik des Zufalls und die Exotik des Noch-nicht-ganz-Könnens; aber da ist auch schon eine bewusstgewordene Realitätserfahrung, ein persönlicher Wille, eine literarische Methode, die auf Wirkung ausgeht."[20]

Solche poetischen Geschichten erinnern – zufällig oder nicht – an Gertrude Stein und ihre Kindergeschichte für Erwachsene *Die Welt ist rund*:

„Vor langer langer Zeit war die Welt rund und du konntest rund herumgehen immer rundherum. / Überall war überall und nirgends und überall waren Männer Frauen Kinder Hunde Hasen Kühe Wildschweine kleine Kaninchen Katzen Eidechsen und Kinder alle wollten allen alles davon erzählen und sie wollten alles von sich erzählen."[21]

Die naive Betrachtungsweise von Kindern verliert sich, wenn sie älter werden – ihre Nachdenklichkeit, die Tiefe und auch die Originalität. Existentielle Fragen nach dem Woher, Weshalb und Warum oder dem 'Wer bin ich' werden unweigerlich abgelöst durch die Auseinandersetzung mit der sozialen Wirklichkeit. Das Erzählbild wird dann zum verlässlichen Auslöser, um sich mit Widersprüchen der Wirklichkeit auseinanderzusetzen. Kindern ist es auch ein grosses Bedürfnis, Probleme des alltäglichen Lebens zu erörtern, aber auch solche, die sie im Weiteren betreffen: Themen wie Krieg, Frieden, Umwelt, Arbeitswelt zum Beispiel – übrigens alles Themen, von denen sie als Kinder mehr oder weniger ausgeschlossen sind. Geschichten von Kindern verraten darum vieles mehr über Kinderalltäglichkeiten als manche wissenschaftliche Untersuchung: „Ich glaube, die Lektüre lohnt sich", schreibt der Herausgeber der Sammlung neapolitanischer Kinderaufsätze *In Afrika ist immer August*. „Sieht man genauer hin, leuchtet in dieser munteren und erbarmungslosen Alltagschronik, die einen Einblick in die Lebensbedingungen Süditaliens vermittelt, etwas Tiefes auf: Weisheit und uralte Resignation, aber auch ausgelassene, in ihrer proletarischen Unschuld geradezu mitreissende Freude. Etwas, das uns nachdenklich stimmen sollte und von keiner soziologischen Untersuchung mit solcher Frische vermittelt werden könnte."[22]

Sicher haben diese Aufsätze über ihr Leben die Wirklichkeit der neapolitanischen Kinder nicht verändert, aber da war jemand, der sie beim Wort genommen und in ihrem Schreiben ernst genommen hat – ihr Lehrer.

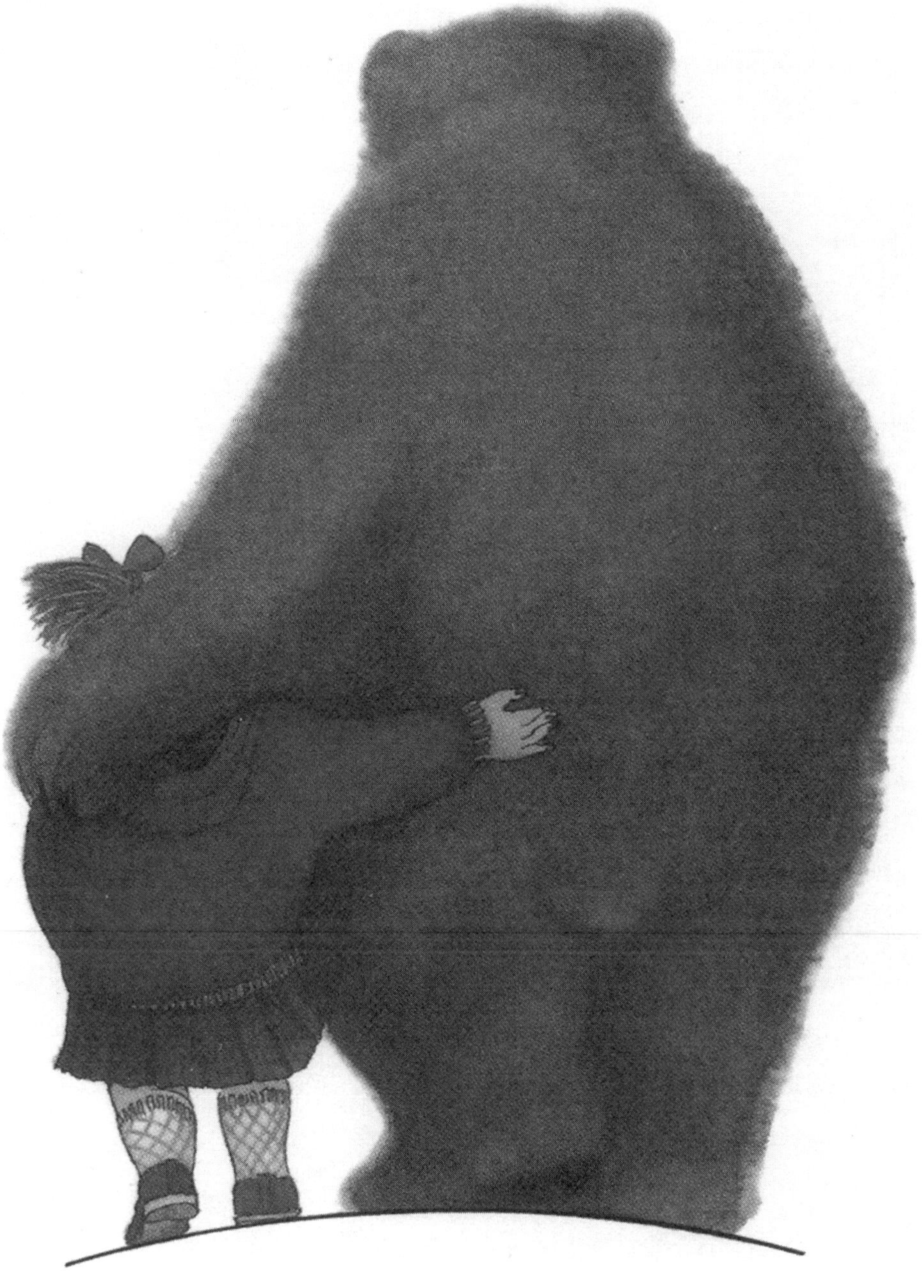

Abb. 8 Nikolaus Heidelbach, Bär (DER BUNTE HUND)

Abb. 9 Michaela Helms, Schnurrmiau (DER BUNTE HUND)

Das Glück, der Stolz, Eigenes geschaffen zu haben, ist für jedes Kind gross. Und so kann man bei solch einem Erzählwettbewerb nur schwerlich die 'besten' Geschichten auswählen, vom Kind aus betrachtet hat jedes *seine* beste Geschichte geschrieben. Meine Auswahlkriterien sind vielfältig, aber neben einer gewissen repräsentativen Auswahl ist denn auch immer die Originalität der Geschichte wichtig, inwieweit eine Geschichte 'echt' ist und jener 'inneren Stimme' folgt.

Darstellungslücken, wie sie im Aufsatz bemängelt werden, können hier sogar ausgesprochen reizvoll sein. „Es sind eigenwillige, originelle, erstaunliche Geschichten“, heisst es in einer Rezension in der Fachzeitschrift *Grundschule*, „die den starren Deutschaufsatz-Kriterien oft nicht standhalten würden – und gerade deshalb so reizvoll und interessant sind.“[23]

Dennoch gibt es immer wieder Lehrerinnen und Lehrer, die diese Geschichten mit Aufsätzen verwechseln, anders ist die massive Kritik einer 7. Klasse nicht zu verstehen:

1. Die Geschichten seien von Fehlern durchsetzt und wichen vom Thema ab. Man sollte mehr auf die Grammatik und den Inhalt achten.
2. Die von Schülerinnen und Schülern der betreffenden Klasse geschriebenen Artikel seien zum Teil besser als die veröffentlichten.[24]

(Die Kritik bezog sich im übrigen darauf, dass die Geschichte „sinnlos“ sei und man nicht wisse, wer „Schnurrmiau“ sei. Das Schnurrmiau indes nur die abgebildete Katze sein konnte, war der Verfasserin der Geschichte des abgedruckten Textes klar – mir auch.)

Selbstverständlich darf man dies nicht den Kindern zum Vorwurf machen, die Schwierigkeit liegt vielmehr bei der Lehrerin. Denn im Gegensatz zu vielen anderen Geschichten waren diese zwar grammatikalisch perfekt, aber leider allesamt gleich und todlangweilig. Und deshalb ist es wichtig, dass Kinder nicht Aufsätze für ihren Lehrer schreiben, sondern „Geschichten für einen Lehrer, der Geschichten gern hat ... Es braucht so wenig mittelmässige Richtigkeit, um Spontaneität und Leben abzutöten.“[25]

Die Gefahr, die Bilder vorher zusammen zu besprechen, ist leider da, was natürlich zur Folge hat, dass jedes Kind dasselbe schreibt. Wie sich Geschichten anhören, die aufgegliedert sind in 1. Einleitung, 2. Hauptteil, 3. Moral und damit jeglicher Spontaneität entbehren, nun, das kann man sich vorstellen.

Eines ist jedoch klar: Wenn man all diese Geschichten liest, weiss man, was man Kindern alles zutrauen kann und muss. Man sollte sie jedenfalls niemals unterschätzen. „Die Kinder haben mit grossem Interesse und viel Nachdenklichkeit ihre Geschichten verfasst“, schreibt eine Lehrerin, „und es ist so manche Geschichte entstanden, die mich als Lehrerin bewegt hat. Dafür soll Geschichtenschreiben auch sein, zum Lachen und Nachdenken und Phantasieren ...“[26]

Doch man muss auch von den Kindern ausgehen. Unabhängig von der sinnstiftenden Funktion, die das Geschichtenerzählen hat, ist das Interesse, das Bedürfnis, Geschichten zu erzählen, ungeheuer gross. Alle diese Geschichten zeugen davon, wie genau Kinder ihre Umwelt betrachten, dass sie etwas zu erzählen haben. Die Lust am Denken, am Schreiben und am Geschichtenerfinden springt einem geradezu entgegen. Das zeigen auch solche Schreibwettbewerbe, die von Kommunen, privaten Vereinen oder – nach wie vor – von Lehrerinnen und Lehrern ausgeschrieben werden.

Abb. 10 Henriette Sauvant, Ei (DER BUNTE HUND)

Geschichten von Kindern muss man aus vielerlei Gründen ernst nehmen. Letztlich verändert unsere Einstellung zu diesen Texten auch unsere Einstellung, unser Verhältnis zu Kindern. In jedem Fall aber ist es ein grosses Abenteuer, sich auf diese Kindergeschichten einzulassen – dann „öffne ich das Fenster und schaue ich in die grosse weite Welt“ [27], schrieb ein Mädchen zu dem Bild von Henriette Sauvant.

Und ich, die ich all diese Texte gelesen habe, schaue mit den Kindern in die „grosse weite Welt“, die uns Erwachsenen so häufig verschlossen bleibt. Kinder ermöglichen es uns, in diese Welt zu gucken – durch ihre Phantasie, ihren Erfindungsreichtum und ihren, manchmal, noch unverstellten Blick.

Literatur (Auswahl)

Andresen, U.: Versteh mich nicht so schnell, Gedichte mit Kindern lesen. Weinheim, Basel 1992

Freese, H.-L.: Abenteuer im Kopf. Philosophische Gedankenexperimente. Weinheim, Berlin 1995

Jandl, E.: Für alle. Hamburg 1974, 1984, 1990

Matthews, G. B.: Die Philosophie der Kindheit. Wenn Kinder weiter denken als Erwachsene. Aus dem Amerikanischen von Claus Koch. Weinheim, Berlin 1995

Pennac, D.: Wie ein Roman. Aus dem Französischen von Uli Aumüller. Köln 1994

Sammlungen mit Kindertexten (Auswahl)

Mein Vater ist kein ausgebranntes Streichholz. Kinder schreiben über Arbeit. Hrsg. von Regina Rusch. Mit einem Nachwort von Max von der Grün. Darmstadt 1986

Plötzlich ist alles ganz anders. Kinder schreiben über unser Land. Hrsg. v. Regina Rusch. Frankfurt am Main 1992

Gewalt. Kinder schreiben über Erlebnisse, Ängste, Auswege. Hrsg. v. Regina Rusch. München 1994 (OA 1993)

Die geheimnisvolle Villa. Kinder der Kinderklinik Tübingen erzählen Geschichten zu einem Bild. Hrsg.v. M. Klemm, G. Hebeler, W. Häcker. München 1992 (OA 1987)

Tränen im Regenbogen. Phantastisches und Wirkliches aufgeschrieben von Mädchen und Jungen der Kinderklinik Tübingen. Hrsg. v. M. Klemm, G. Hebeler, W. Häcker, München 1992 (OA 1989)

Lieber Weihnachtsmann ... Bitte nicht wie letztes Jahr! Hundert Briefe italienischer Kinder. Zusammengestellt von F. Lamberti Zanardi u. B. Schisa. Aus dem Italienischen von Linde Birk. Zürich 1993

Weihnachtsmann mach du mal! Neue Briefe italienischer Kinder. Zusammengestellt von F. Lamberti Zanardi u. B. Schisa. Aus dem Italienischen von Linde Birk. Zürich 1995

Sammlungen mit Kindertexten im Rahmen der Kinderliteratur

DER BUNTE HUND. Magazin für Kinder in den besten Jahren. Hrsg. von Hans-Joachim Gelberg. Redaktion Barbara Gelberg. Nr. 1 (1981) – Nr. 49 (1998). Weinheim

Kinder sehen ihre Stadt: Hamburg. Die schönsten Geschichten aus dem Hamburger Erzählwettbewerb (Gulliver Taschenbücher). Weinheim 1996

Kinder sehen ihre Stadt: München. Die schönsten Geschichten aus dem Münchner Erzählwettbewerb. Mit einem Vorwort von Mirjam Pressler (Gulliver Taschenbücher). Weinheim Mai 1998

„Von hier aus müssen wir fliegen“. Kinder erzählen selbst. Mit farbigen Bildern von vielen Künstlerinnen und Künstlern. Mit einem Nachwort von Barbara Gelberg (Gulliver Taschenbücher). Weinheim September 1998

Viele Geschichten und Texte von Kindern wurden ausserdem in den „Jahrbüchern der Kinderliteratur“, hrsg. von Hans-Joachim Gelberg, Weinheim, veröffentlicht.

Anmerkungen

* Das diesem Referat vorangestellte Zitat „So viel Welt auf einmal“ ist der Titel eines Gedichts der polnischen Lyrikerin Wislawa Szymborska.

1 Zitiert nach: Gelberg, H.-J.: „Kinder erzählen selbst“. In: Nussknacker. Über Kinderbücher und Autoren. Werkstattbuch von Hans-Joachim Gelberg. Beltz & Gelberg (Gulliver Taschenbuch). Weinheim 1986.

2 Härtling, Peter: Und das ist die ganze Familie. Tageläufe mit Kindern. Mit Bildern von Frank Ruprecht. Beltz & Gelberg, Weinheim 1984, Nachwort (OA 1970).

3 Andresen, Ute: So dumm sind sie nicht. Von der Würde der Kinder in der Schule. Beltz Quadriga, Weinheim, Berlin 1985, 1996, S. 70f.

4 ebda., S. 114.

5 Glatschnig, Helga: Blume ist Kind von Wiese oder Deutsch ist meine neue Zunge. Lexikon der Falschheiten. Luchterhand Literaturverlag, Hamburg 1993, S. 105.

6 Freese, Hans-Ludwig: Kinder sind Philosophen. Beltz Quadriga, Weinheim, Berlin 1989, S. 10.

7 ebda., S. 12f.

8 ebda., S. 25.

9 Tamaro, Susanna: Die Demut des Blicks. Diogenes. Zürich 1997, S. 31f.

10 Titel einer Frankfurter Poetikvorlesung.

11 Tolstoj, Leo: Kindheit, Knabenjahre, Jugendzeit. Berlin 1928. Zitiert nach: Freese a.a.O., S. 32.

12 Titel des Ausstellungskataloges Mit dem Auge des Kindes. Kinderzeichnung und moderne Kunst. Lenbachhaus. München 1995.

13 Rodari, Gianni: Grammatik der Phantasie. Die Kunst, Geschichten zu erfinden. Reclam, Leipzig 1992 (OA 1973), S. 212.

14 ebda., S. 9.

15 Nicht ohne Grund heisst das 10. Jahrbuch der Kinderliteratur „Oder die Endeckung der Welt“, hrsg.v. Hans Joachim Gelberg. Beltz & Gelberg, Weinheim 1997.

16 Rodari, a.a.O., S. 208.

17 Dieses sowie die folgenden Zitate aus Briefen von Lehrerinnen und Lehrern an B. Gelberg, Februar 1998.

18 Freese, a.a.O., S. 90.

19 Rodari, a.a.O., S. 155.

20 Steiner, Jörg: Mehrzahl von Löwe – der Löwenzahn. In: Luchterhand Almanach. Luchterhand Verlag, Darmstadt 1971, S. 85f.

21 Stein, Gertrude: Die Welt ist rund. Ritter Verlag, Klagenfurt 1994 (OA 1967).

22 In Afrika ist immer August. Sechzig Schulaufsätze neapolitanischer Kinder, hrsg. von Marcello D'Orta mit einem Nachwort von Luciano De Crescenzo. Aus dem Italienischen v. Linde Birk. Diogenes, Zürich 1991, S. 5.

23 Diebold, Petra: in: Grundschule 7-8/1997.

24 Aus einem Schülerbrief an Barbara Gelberg. 1996.

25 Steiner, Jörg: a.a.O. S. 85.

26 Aus einem Brief einer Lehrerin an Barbara Gelberg. Zitiert nach: DER BUNTE HUND 38 (1994), Editorial v. Barbara Gelberg. S. 6.

27 Aus einer Kindergeschichte zu dem Bild von H. Sauvant. („Wenn ich traurig bin, öffne ich das Fenster, dann schaue ich in die grosse weite Welt und denke nach. Das erleichtert mich.“) Zitiert nach: DER BUNTE HUND 47 (1997), Editorial v. B. Gelberg. S. 8.

II
Werkstattbericht

HERIBERT WEBER

5. Von der Kindlichkeit und dem Malen

Abb. 11 Johannes, die Schule

1. Guck wie lustig [1]

jetzt mal ich die schule
jetzt mal ich das schulfenster
da die lange schnur zum dunkelmachen
so
en fenster zum dunkelmachen
doppelt
hier rüber
da rüber
hier rüber
hier wie toll das fenster das wird
so also jetzt
male ich hier unten die türe hin
und die türe geht bis hier
da is der abstreifer
da streifen se seine schuhe ab
und gehn mit sauberen schuhen darein
so das ist der abstreifer
jetzt male ich den schlüsselaufmacher
ein schlüsselloch
guck ein griff
da macht's quitsch kitsch itsch
da is das schlüsselloch
jetzt muss ich den lehrer malen [2]

jetzt mal ich den lehrer
da sind die schühchen
so ein langer strich
der runde kopf
beinchen schühchen
äugchen, äugchen
mund
guck mal mund hat der
der hat hier en schnurbart
nase
guck wie lustig
jetzt noch die tasche
die hat er da in der hand
zwei fingerchen
zwei zweite fingerchen
so
mit der schultasche
da hat er was drin
noch en hand, händchen

Abb. 12 Johannes, der Lehrer

2. Ich möchte ein Lehrer wie Herr Keuner sein

Herr Keuner sah sich die Zeichnung seiner kleinen Nichte an. Sie stellte ein Huhn dar, das über einen Hof flog. „Warum hat dein Huhn eigentlich drei Beine?", fragte Herr Keuner.

„Hühner können doch nicht fliegen", sagte die kleine Künstlerin, „und darum brauchte ich ein drittes Bein zum Abstossen." „Ich bin froh, dass ich gefragt habe", sagte Herr Keuner.[3]

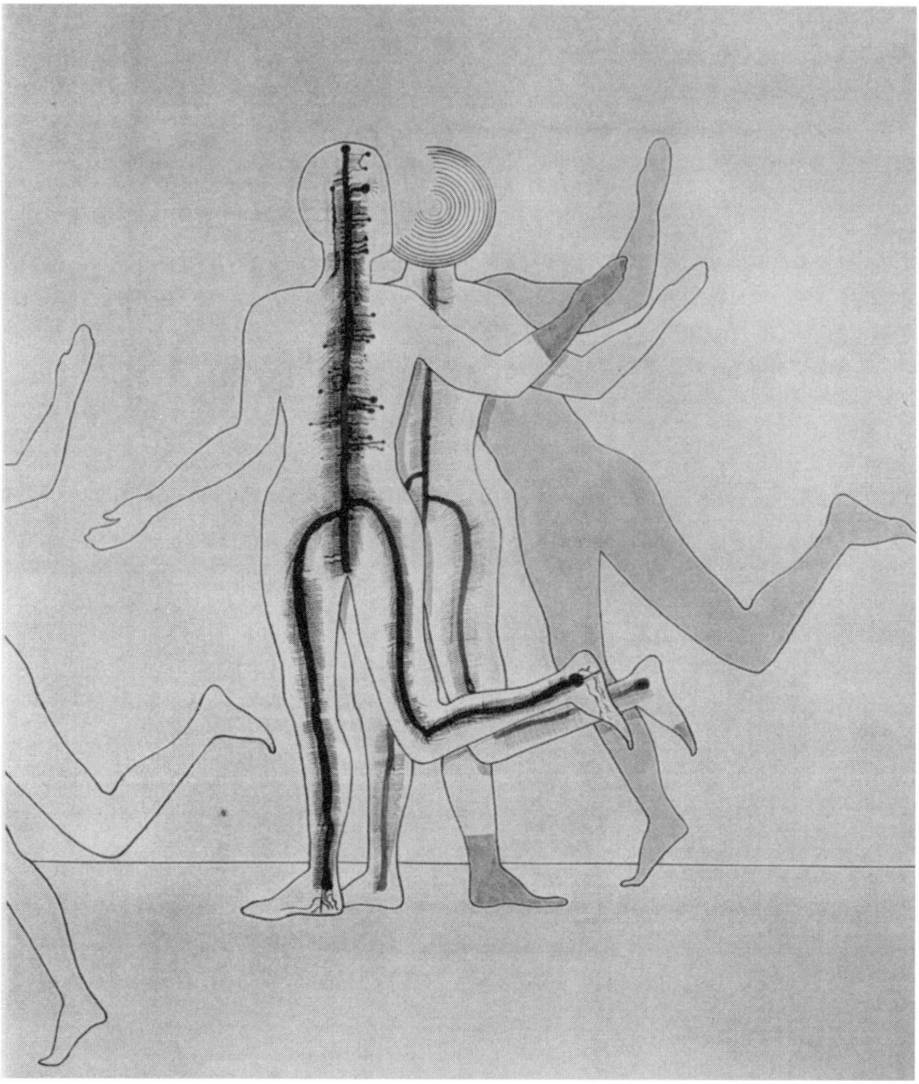

Abb. 13 Max Ernst, un homme en peut cacher un autre (1923)[4]

3. „Die grossen Leute verstehen nie etwas von selbst“

Als ich sechs Jahre alt war, sah ich einmal in einem Buch über den Urwald, das ‘Erlebte Geschichten’ hiess, ein prächtiges Bild. Es stelle eine Riesenschlange dar, wie sie ein Wildtier verschlang.

In dem Buch hiess es: „Die Boas verschlingen ihre Beute als Ganzes, ohne sie zu zerbeissen. Daraufhin können sie sich nicht mehr rühren und schlafen sechs Monate, um zu verdauen.“

Ich habe damals viel über die Abenteuer des Dschungels nachgedacht, und ich vollendete mit einem Farbstift meine erste Zeichnung. Meine Zeichnung Nr. 1. So sah sie aus:

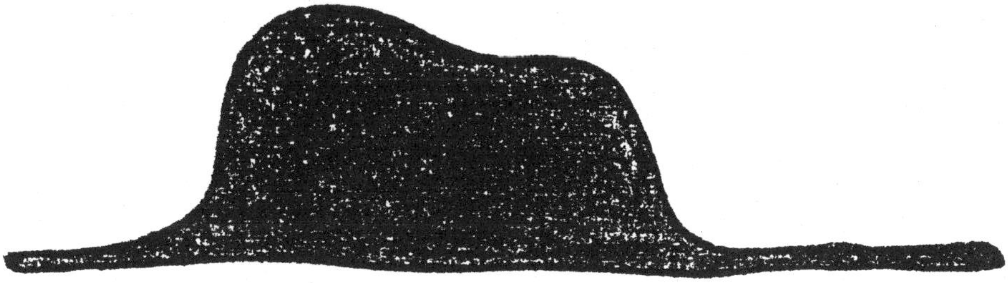

Abb. 14 Zeichnung Nr. 1

Ich habe den grossen Leuten mein Meisterwerk gezeigt und sie gefragt, ob ihnen meine Zeichnung nicht angst mache. Sie haben mir geantwortet: „Warum sollen wir vor einem Hut Angst haben?“

Meine Zeichnung stellte aber keinen Hut dar. Sie stellte eine Riesenschlange dar, die einen Elefanten verdaut. Ich habe dann das Innere der Boa gezeichnet, um es den grossen Leuten deutlich zu machen. Sie brauchen ja immer Erklärungen. Hier meine Zeichnung Nr. 2:

Abb. 15 Zeichnung Nr. 2

Die grossen Leute haben mir geraten, mit den Zeichnungen von offenen oder geschlossenen Riesenschlangen aufzuhören und mich mehr für Geographie,

Geschichte, Rechnen und Grammatik zu interessieren. So kam es, dass ich eine grossartige Laufbahn, die eines Malers nämlich, bereits im Alter von sechs Jahren aufgab.[5]

4. Auf der Suche nach ihrem verlorenen Lächeln

Abb. 16 Hannelore M., 7 Jahre, 1997

Auf der Suche nach Ihrem
verlorenen Lächeln
haben Mami und Kind
Schneemann/frau
im kalten Schneegestöber
nur zwei vergessene Äxte
als Krüppelarme abbekommen.
Als ob die Ihnen helfen könnten!

(Gabriele A.
7. Semester Deutsch, Englisch)

Schneemannfamilie – Ein kleiner Gruss aus der Kälte.
Sie stehen beisammen –
immer mit Abstand,
obwohl es doch kalt ist.

Jetzt sind sie fröhlich,
in einer Zeit, in der viele zur Einsamkeit
und geringerer Lebensfreude neigen.
Dann, bei den ersten frühlingshaften Sonnenstrahlen,
die die Welt aus dem Winterschlaf erwachen lassen,
sinken sie schmelzend in sich zusammen
– jetzt ist ihr Symbol der Freude nicht mehr nötig!

(Juliane M., 4. Semester Pädagogik)

Als Abdruck unsererselbst steht das Kind,
mit dem wir durch die Gleichheit verbunden sind.
Doch weil beide in dieselbe Richtung stehen,
kann es keine Vereinigung geben.
Man lächelt, um zu gefallen,
doch nicht zueinander, sondern ins grosse Rund.
Auf der Erde wandeln wie in grossen Hallen
und nichts von sich geben kund.

(Inga H., 4. Semester Mathematik, Deutsch)

Kindlichkeit

Von Jahr zu Jahr
wuchs meine Erfahrung,
so wie ich die Kindlichkeit verriet.

Die Welt war komplexer geworden;
mein Verständnis auch.
Ungeachtet meiner Bildung
fühlte ich, dass etwas in mir schwand.

Ich machte mich auf die Suche
in dem Kreis der Akademie,
bis ein Kind mit seinem Schaffen
mir die Lösung verriet:

Das Kind in mir muss leben,
diese Antwort finde ich
in den Augen aller Kinder,
die die Welt betrachten,
wie sie kein andrer sieht.

(Felix S., 6. Semester Pädagogik, Romanistik)

5. Versuch, als Pädagoge Paul Klee zu verstehen

Der blaute Reiter durch Zauberwelten berief sich 1912 in einem Bericht über eine Ausstellung der „Neuen Künstlervereinigung München“ auf die Kunst der Kinder.

„Es gibt nämlich auch noch Uranfänge von Kunst, wie man sie eher im ethnographischen Museum findet oder daheim in der Kinderstube (lache nicht, Leser), die Kinder können's auch, *und das ist durchaus nicht vernichtend für die jüngsten Bestrebungen, sondern es* steckt positive Wahrheit in diesem Umstand. Je hilfloser diese Kinder sind, desto lehrreichere Kunst bieten sie; denn es gibt auch schon hier eine Korruption; *wenn die Kinder anfangen, entwickelte Kunstwerke in sich aufzunehmen oder gar ihnen nachzuahmen.* “[6]

Zwei Anmerkungen:

„... es gibt auch schon hier eine Korruption“.

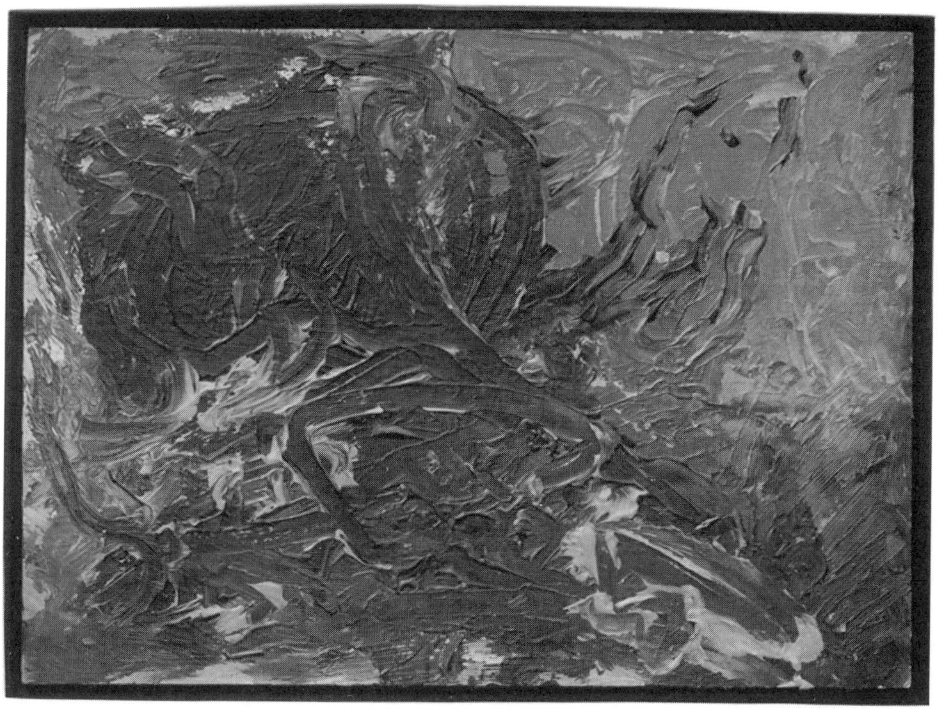

Abb. 17 Nina W., 1 Jahr 9 Monate, 1973

Der Vater nutzte die Lust des Kindes am Schmierspiel, schob ein Stück Leinwand unter, bestimmte die Abfolge der Farben und nahm das Bild weg, bevor es die kleine Prinzessin vermutlich einheitlich blau zugedeckt hätte.

„... Uranfänge von Kunst" meint, dass die Arbeit des Künstlers und das Bild des Kindes nicht einfach gleichzusetzen sind. Klee nimmt die Arbeiten der Kinder als Kunstwerke ernst. Er versucht, von der Ausdrucksfähigkeit der Kinder zu lernen.

Abb. 18 Felix Klee, 12 Jahre, 1919[7]

Neben Klee fanden auch andere zu Anfang unseres Jahrhunderts Kinderzeichnungen besonders interessant. Paula Modersohn-Becker in Worpswede schwärmte, Georg Kerschensteiner in München suchte einen wissenschaftlichen Zugang. Klees Freunde Wassily Kandinsky und Gabriele Münter sammelten nicht nur Kinderzeichnungen, sie nutzten sie auch als Vorlagen für ihre eigenen Arbeiten.[8] Für Paul Klee kam hinzu, dass er 1902 zufällig seine eigenen Kinderzeichnungen wieder entdeckte. Er war von ihnen genauso fasziniert wie von den Zeichnungen seines Sohnes Felix, der 1907 geboren wurde.

Von 1921 bis 1931 war Klee Lehrer am Bauhaus in Weimar und ab 1925 in Dessau. Hier differenzierte er seine Einsichten zunehmend. Er versuchte, die kindliche Unmittelbarkeit, das kindliche Gespür für das Unbekannte mit der Reflexionsfähigkeit und den professionellen Erkenntnissen des Erwachsenen zu verbinden. In Achtung vor dem Kind suchte er nach der Kindlichkeit des Menschen. Tilman Osterwald schrieb 1979 im Ausstellungskatalog für die grosse Stuttgarter Klee-Ausstellung: „Das Kind träumt nicht von sich, sondern es träumt sich – eine meditative Versenkung des Menschen in sich selbst, in ein bewusstes Verschmelzen von Traum und Wirklichkeit. In diesem Sinn ist für Paul Klee das Kind ein Zentrum für sein künstlerisches Schaffen und Denken. Kindheit ist der Kern seiner Suche nach der eigenen Identität; das gesamte Werk ist an diesen Pol gebunden, seine menschliche Entwicklung von diesen Essenzen geprägt, sein Denken eine ständige Umkreisung dieser inneren Quelle seiner individuellen Existenz. Insofern ist Kind-Sein der Schlüssel zum Verständnis Klees, es öffnet sein künstlerisches Werk als Weg zu einem Anfang in der Beziehung zur Welt.“[9]

Klee selbst, der 1912 nur wusste, „die Kinder können's auch“, sagte 1930: „Das Kind ist erfüllt, überfüllt von Bildern, die es bedrängen, die es loswerden muss, um sich in seiner Welt zurechtzufinden. – Sein Zeichnen ist eine biologische Notwendigkeit. Es zeichnet, wie es läuft, wie es spricht. Es muss das Gesehene, das Erlebte, das Gewünschte, das Geträumte, das Feindliche, das Freundliche aussprechen, umsetzen, bannen, festhalten. Seine Zeichen sind unvollkommen, erst auf dem Weg, einfach wie sein Geist. Das Kind deformiert nicht ... Natürlich strömt anderes hinzu, aus Urtiefen ... Das Kind erzählt; es schreibt seine Erzählung nieder. – Der Künstler, wie ich ihn meine, hat damit wenig zu tun ... Er überschreitet die Realität; er schmilzt sie auf, um die innere ins Sichtbare zu heben. – Das Kind handelt absolut anders. Es steht vor der Realität. – Vielleicht muss der Künstler dieses Nicht-mehr-weiter-Können vor dem Sichtbaren einsehen, erfahren, um der Schöpfung nahe zu kommen, eben dem Schöpferischen.“[10]

1933 wurde Paul Klees künstlerisches Schaffen unterbrochen. In der 'Deutschen Kultur-Wacht' wurde „das irrsinige, kindische Geschmiere eines Klee“ angeprangert[11]. Entlassung und Exil in der Schweiz folgten. Er reagierte mit einem – wie er selbst ironisch schrieb – „gelinden Zeichenrappel“[12]. 1933 entstanden 482 Werke, davon 314 Zeichnungen. Josef Helfenstein stellt fest: „Eines der auffallendsten

Abb. 19 Paul Klee, 41 Jahre, 1920

Bildmotive um 1933 ist der Zusammenhang zwischen Kindheit und Dressur, zwischen Erziehung und Gewalt.“ [13] Einige Titel von Zeichnungen von 1933: ‘Erneuerung der Mannszucht’, ‘Schwer Erziehbare’, ‘Ein Kind wird gemessen’, ‘Dressur’, ‘Dressiertes Kind’, ‘Barbarenjunge’, ‘Kindermord’.

Bis zu seinem Tod 1940 achtete Paul Klee die Kinder und deren bildnerische Ausdrucksform. In seinen Werken versuchte er, die Kindlichkeit des Menschen zu verstehen. Er lernte von den Kindern, nahm als Erwachsener das gewesene Kind in sich ernst und kämpfte mahnend für das Prinzip Kindlichkeit.

Die Zeitgenossen Paul Klee (1879–1940) und Janusz Korczak (1878–1942) kannten sich nicht. Erich Kästner trägt beiden die Liebe nach, wenn er sagt: „Nur wer erwachsen wird und ein Kind bleibt, ist ein Mensch.“

Anmerkungen

1 Text und Bilder: Johannes Weber, 3 Jahre 10 Monate (1971).

2 Weber, Heribert: Das Lehrerlesebuch 1979, Braunschweig, (Westermann) 1979, S. 91.

3 Brecht, Bertolt: Geschichten von Herrn Keuner, um 1930. In: Bertolt Brecht. Prosa 2. Frankfurt (Suhrkamp) 1965, S. 132.

4 Spies, Werner; Ernst, Max: Collagen, Inventar und Widerspruch. Köln (DuMont) 1988, Abb. 47.

5 Saint-Exupéry de, Antoine: Der kleine Prinz. 1946, Heyne TB 7808, S. 7f.

6 Osterwald, Tilman; Klee, Paul: Ein Kind träumt sich. Stuttgart (Hatje) 1979, S. 43.

7 Fineberg, Jonathan (Hrsg.): mit dem auge des kindes, Kinderzeichnung und moderne Kunst. Stuttgart (Hatje) 1995, S. 108 und 109.

8 Fineberg, Jonathan: a.a.O., S. 56ff., Gisela Kleine, Gabriele Münter und die Kinderwelt, 1997. insel taschenbuch 1924.

9 Osterwald, Tilman: a.a.O., S. 6.

10 Osterwald, Tilman: a.a.O., S. 112f.

11 Werkmeister, Otto Karl: Versuche über Paul Klee. Frankfurt (Syndikat) 1981, S. 124.

12 Osterwald, Tilman: a.a.O., S. 124.

13 Helfenstein, Josef: Die Thematik der Kindheit im Spätwerk von Klee. In: Jonathan Fineberg (Hrsg.), Kinderzeichnung und die Kunst des 20. Jahrhunderts, Stuttgart (Hatje) 1995, S. 104.

III
Imagination

sprachgebundene und sprachfreie Therapieformen unterscheiden sowie solche Therapieformen, bei denen Vorstellungsbildung als Hilfsmittel – etwa zur Tiefenentspannung – eingesetzt wird (etwa bei der Suggestopädie) –, und solche, die sich den Vorstellungsinhalten selbst zuwenden (Psychoanalyse oder NLP). Auch in therapeutischen Zusammenhängen lassen sich drei miteinander verbundene Aspekte von Imagination unterscheiden: Sie sind Konstrukte des Subjekts (Konstruktivismus), sie beruhen auf Wahrnehmung und Erfahrung (Empirismus) und bilden ganzheitlich strukturierte Zusammenhänge (Holismus).

C. Thesen über Imagination und Lernen

1.

Die Fähigkeit zur Imagination, zur Bildung von Vorstellungen, ist von anthropologisch grundlegender Bedeutung. Der Begriff ‘Imaginatives Lernen’ will auf die grundlegende Bedeutung der Vorstellungsbildung für das Lernen aufmerksam machen, herausarbeiten und weitervermitteln, wo ein solches Lernen schon stattfindet, und Wege aufzeigen, wie ein solches Lernen gefördert und geübt werden kann.

2.

Vorstellungen sind sinnlich gefüllt und kategorial organisiert – sie bilden eine Synthese aus Wahrnehmung und Denken und die Brücke zwischen Denken und Handeln. Imaginatives Lernen sucht das eigene Denken durch anregende, irritierende, fundierende Sinneswahrnehmungen herauszufordern. Solche Wahrnehmungen sollen nicht in erster Linie Hypothesen und Einsichten bestätigen, sondern zum Fragen und Probieren, zur aktiven Imagination im Wechsel mit dem eigenen Tun veranlassen.

3.

Vorstellungen nutzen und brauchen alle Sinne. Imaginatives Lernen sucht auf möglichst individuelle Weise alle Sinnesmodalitäten anzusprechen und ins Lernen einzubeziehen. Im ‘Spiel der Vorstellungen’ bilden die sinnlichen Wahrnehmungen die wichtigsten Bestandteile.

4.

Vorstellungen sind Medium und Ausdruck der Erfahrung. ‘Erfahrung’ bezeichnet als Synthesebegriff den Zusammenhang eines individuell und ganzheitlich organisierten, kontextgesättigten Wissens. Zur Erfahrung gehört beides: Tun und Denken. Dieser Qualität einer strukturierten, inhaltlich bestimmten Ganzheit entsprechen Vorstellungen. Reichweite und Grenzen der Vorstellung sind durch gute und schlechte Erfahrungen mitbestimmt. Für imaginatives Lernen kommt es darauf an, den individuellen Zuschnitt von Erfahrungen aufnehmen zu können und gute Erfahrungen zu fördern.

5.

Vorstellungen bilden organisierte Zusammenhänge, strukturierte Ganzheiten. Imaginatives Lernen kultiviert den Wechsel zwischen analytischen und ganzheitlichen Strategien der Wahrnehmung und des Denkens, zwischen logischen und analogischen, zwischen linearen und assoziativ-sprunghaften, zwischen intuitiven und diskursiven Verfahren.

6.

Imagination ist 'produktiv' – sie kann Neues hervorbringen. Lernen bedeutet für den einzelnen immer, etwas Neues hervorzubringen. Lernen heisst so gesehen nicht reproduzieren, sondern erfinden.

7.

Vorstellungsbildung und Vorstellungsdenken werden in einer ganzen Reihe von traditionellen und neuen Verfahren und Ansätzen des Lernens, der Therapie, der Schule gepflegt. In der Moderne gewinnt die Arbeit an Vorstellungen für den einzelnen und die Gesellschaft immer mehr an Gewicht. Imaginatives Lernen antwortet auch auf die Ikonisierung und Digitalisierung unserer Kultur der Moderne. Angesichts der explosionsartigen Ausdehnung von 'Vorstellungsindustrien' droht beim einzelnen ein Übergewicht der rein 'reproduktiven' Imagination, der Blokkierung der eigenen Vorstellungstätigkeit. Dadurch werden eigene Erfahrungen und eigenes Denken erschwert. Im Interesse einer an Aufklärung und Mündigkeit orientierten Bildung will imaginatives Lernen deshalb auch unter Nutzung der modernen Medienwelt – nicht gegen sie – Zeit, Raum und Mittel für die eigene Vorstellungsbildung bereithalten.

Literatur

Fauser, P.; Madelung, E. (Hrsg): Vorstellungen bilden: Beiträge zum imaginativen Lernen. Seelze 1996

Neue Sammlung, Heft 2/1998

Videofilme, erhältlich bei Imaginata e. V., Kontaktadresse: Prof. Dr. Peter Fauser / Gundela Irmert-Müller; Institut für Erziehungswissenschaften der Friedrich-Schiller-Universität Jena, Otto-Schott-Str. 41, 07745 Jena. Tel.: 03641/945363, Fax: 945362

BRUNO WENDNAGEL

Exkurs: Die Schule der Phantasie – eine Münchner Einrichtung

Seit etwa achtzehn Jahren gibt es in München eine Einrichtung, die man allen Städten und Gemeinden wünschen möchte: die 'Schule der Phantasie'. In Nachmittagskursen steht sie allen Münchner Mädchen und Jungen offen. Ihr Ziel ist es, die Kreativität mit Schwerpunkt im musischen Bereich zu fördern. Initiiert als Modellversuch durch Professor Rudolf Seitz von der Akademie der Bildenden Künste, wurde sie mit Stadtratsbeschluss 1980 eingerichtet.

Die grundsätzliche Frage, die der Gründer Rudolf Seitz gestellt hat, lautete: Wollen wir phantasievolle Kinder? Die Antwort wird positiv ausfallen. Was aber tut die Schule dafür?

Unser staatliches Bildungssystem betont zunehmend das kognitive, leistungsorientierte Lernen. Die Bildungsstrukturen sind auf Erfolg, Wettbewerb und Wissensqualifikation ausgerichtet. Spielerisches Experimentieren, Freude am Gestalten, Schwelgen im Schönen und Sinnenhaften, Lust an der Veränderung, Erlebnis der Gemeinsamkeit, Freundschaft und Vertrauen durch die betreuende Person – dies kommt alles zu kurz. Sollen Kinder und Jugendliche zu umfassenden Persönlichkeiten gebildet werden, benötigen sie jedoch die Förderung in den angeführten Bereichen.

Der Hauptschwerpunkt der Täigkeit der 'Schule der Phantasie' liegt in der Förderung von Kreativität und Phantasie. Damit wird in den Kursen am Nachmittag die vormittägliche, allgemeinbildende Schule ergänzt. Das Ziel besteht darin, Kindern Selbstvertrauen in eigenständige Lösungen, Geschmack und Wertungsfähigkeit im Ästhetischen, Begeisterungsfähigkeit beim Arbeiten in der Gruppe und Glück und Zufriedenheit durch komplett abgeschlossene Schöpfungsprozesse zu geben.

Die Kurse werden von erfahrenen, freien Mitarbeiterinnen und Mitarbeitern aus dem kunstpädagogischen Bereich geleitet. Die Palette reicht von Studentinnen und Studenten der Kunstakademie, freien Malerinnen und Malern, Bildhauerinnen und Bildhauern, Architektinnen und Architekten, Musikerinnen und Musikern, Theaterleuten, Kunstpädagoginnen und -pädagogen, Sozial- und Spielpädagoginnen und -pädagogen bis zu künstlerisch begabten Müttern und Vätern. Wichtig sind Begeisterung und Zuwendungsfreude für Kinder, das Zulassen von künstlerisch phantasievollen Gedankenwelten und Planungen und die erfahrene Hilfestellung bei handwerklichen Prozessen und sozialen Erfahrungen.

Thematisch frei in Gruppen- und Einzelarbeiten können die Kinder ihre Ideen beim Bauen, Malen, Basteln, Spielen, Erfinden und dramatischen Gestalten umsetzen. Die Kursleitung gibt Impulse und unterstützt die Schöpfungsprozesse.

Die zweistündigen Nachmittagskurse für fünfzehn bis siebzehn Kinder finden in Werk- oder Unterrichtsräumen statt. Sie werden durch Projekte im Schul- oder Stadtteilbereich und durch zentrale städtische Veranstaltungen ergänzt. Darunter fallen Ausstellungen, Sommerprojekte in den Parks oder grosse Umzüge.

Die 'Schule der Phantasie' erhebt keine Gebühren, weil sie in ihren Reihen auch Kinder aus sozial schwachen Familien länger halten und fördern möchte. Die Eltern beteiligen sich an den Materialkosten mit DM 30,— pro Schuljahr und unterstützen durch Spenden den Förderverein „Freunde der Schule der Phantasie“. Materialspenden von Firmen, Recycling- und nutzlos gewordenes Verpackungsmaterial sind sehr willkommen.

Alle Kursleiterinnen und -leiter nehmen an einem zweisemestrigen Ausbildungsseminar an der Akademie der Bildenden Künste in München teil. Während der Unterrichtszeit finden im Sechs-Wochen-Turnus Dienst- und Atelierteambesprechungen statt. Ein Atelierteam setzt sich aus der Atelierleitung und sechs bis acht Atelierleitenden zusammen. Im Abstand von zwei Monaten trifft sich das Kollegium (ca. 80 Mitarbeiterinnen und Mitarbeiter) zu Plenumssitzungen („market of ideas“, Projektplanung). In Kooperation mit dem Pädagogischen Institut werden Fortbildungsveranstaltungen für alle Münchner Pädagoginnen und Pädagogen angeboten und Pädagogische Ausstellungen an zentralen Orten erarbeitet.

In drei Münchner Kliniken bietet die 'Schule der Phantasie' darüberhinaus Kurse für kranke Kinder an. Kurse finden auch an den Förderschulen wie der Schule für Gehörlose, der Schule für Erziehungshilfe und als Frühförderung im Elementarbereich in Schulkindergärten statt. Als Pilotprojekte laufen Kurse für Kinder und Jugendliche an weiterführenden Schulen (Hauptschule / Realschule / Gymnasium).

Seit einem Jahr läuft bereits die Aufbauphase für besondere Projekte, bei denen Ideen der 'Schule der Phantasie' Eingang in den allgemeinen Schulunterricht finden:

Naturatelier

Auf einem idyllisch gelegenen Areal einer ehemaligen städtischen Baumschule bieten Betreuer/innen der 'Schule der Phantasie' Kurse und Unterrichtsideen zum Kennenlernen, Experimentieren und erforschenden Umgang mit der Natur an. Die Kinder können z. B. Malen, Bauen und in Höhlen spielen, Baumhäuser gestalten, Insekten für eine Monstergalerie porträtieren, Heulabyrinthe gestalten oder Froschkonzerte anhören.

Die Organisation erfolgt durch ein zentrales Buchungssystem. An den Honorarkosten beteiligen sich die Schulklassen anteilmässig. Für die Kursbesuche steht das Gelände am Nachmittag frei zur Verfügung.

Phantasie – Werkstatt im Schullandheim

Schulklassen im Schullandheim können ein Betreuer/innenteam der 'Schule der Phantasie' für eine ein- bis zweitägige Veranstaltung anheuern. In gemeinsamer

Planung von Kursleitenden, Kindern und Lehrkräften der Klasse werden grosse gestalterische Projekte in Angriff genommen wie zum Beispiel Phantasieflossbau mit Robinson, Tarzanfest im Dschungel, schwimmende Erfindungen, Geruchslabyrinthe und anderes mehr. Mittels dieser Tagesangebote soll der Unsicherheit bei der Unterrichtsgestaltung im Schullandheim mithilfe der Gestaltungsfreude der Kinder in der Natur positiv begegnet werden.

Anfallende Honorarkosten werden durch finanzielle Beteiligung der Eltern und eine schulische Unterstützung getragen.

Geplant: Siebdruckatelier, Schwarzes Theater, Solaratelier

Noch in Planung befindet sich ein ‘Siebdruckatelier’, bei dem ein experimenteller Unterricht für künstlerisches Gestalten und die freie Benutzung des Ateliers durch die Kurse der ‘Schule der Phantasie’ im Mittelpunkt stehen.

Konzipiert ist ferner die Dauereinrichtung eines ‘Schwarzen Theaters’ zum Experimentieren mit fluoreszierenden Gebilden, die scheinbar schwebend schwarze Räume durchqueren und in ihnen agieren. Die Kinder können die Figuren nach eigenen dramatischen Ideen basteln, bemalen und gestalten.

Dazu kommen wird ebenfals ein mobiles ‘Solaratelier’, bei dem die nötigen Materialien und Werkzeuge von den Kursleitenden mitgebracht werden. Diese laden dann Kurs- und Schulkinder ein zu phatasievollem eigenen Gestalten und Experimentieren mit einer Technik der Zukunft.

Um den Kindern die Wichtigkeit ihres Tuns und die gelungene Ausdruckskraft ihrer Schöpfungen zu bestätigen, veranstaltet die ‘Schule der Phantasie’ mehrere Grossprojekte im Stadtbereich. Bei ihnen beteiligen sich dann Kurskinder und Eltern aus allen Münchner Schulen, gelegentlich auch in Zusammenarbeit mit anderen Institutionen (wie Unicef, Lions-Club, dem russischen Verein MIR, dem Bund Naturschutz, Banken, Museen, städtischen Institutionen wie Wasserwerke, Gartenbauamt oder Verkehrsbetriebe).

Die Veranstaltungen haben offenen Charakter, d.h. alle Schulkinder können teilnehmen. Grossen Erfolg hatten das grosse Lichterfest für Unicef (30000 Teilnehmende), der Bau der Arche Noah im Sommer 1997, die Phantasie-Dult (im Anschluss an die Maidult am Maria-Hilf-Platz), die ‘Kunterbahn’, ein von Kindern gestalteter Strassenbahnwagen, der wochenlang durch die Innenstadt fuhr, phantasievolle Erfindungen als Christbaumschmuck, eine Ausstellung in der Stadtsparkasse und viele andere Ideen, die in einzelnen Ateliers und Kursen entwickelt wurden.

Für eine Kultur der Phantasie

Das allgemeinbildende Ziel der Förderung von Kreativität und Phantasie bei Kindern kann nicht nur isoliert im Aufgabenbereich der ‘Schule der Phantasie’ liegen.

Vielmehr betrachtet es diese Institution stets als Aufgabe, diese Bildungsziele auf den Schulunterricht auszudehnen und ihre Idee durch Beispiel, Anregung und Fortbildung weiterzutragen.

In vielen Städten Deutschlands, Österreichs und anderen Ländern entstanden Einrichtungen, die nach dem Vorbild der Münchner mit viel Elan und Begeisterung als 'Schule der Phantasie' arbeiten. Die südlichste ist jene in Athen, die östlichste jene in Seoul.

Im Rahmen der Fortbildungen ist auch der Beitrag der 'Schule der Phantasie' zu der Tagung „Kind und Kunst" zu sehen. Biba und Evi Schneider, beide seit Jahren Kursleiterinnen der Münchner 'Schule der Phantasie', haben Erfahrungen und Ideen aus ihrer Kursarbeit vorgestellt. Hier ihr Bericht:

Die Reise in die Welt der Phantasie (Biba Schneider)

„Wenn ich das Wasser schöpfe, ist der Mond in meiner Hand." (Zen Koan)

Die Weisheit alter Völker lehrt uns, über Kräfte aus der Verbundenheit mit der Natur zu verfügen und uns dadurch in andere Welten zu begeben. Diese Grundthesen haben immer noch Bestand. Die Natur erscheint dabei nicht als eine äussere Welt, sondern als Teil unserer selbst. Impuls und Aufforderung an die Seminarteilnehmer/innen:

Wir sind ein Forschungsteam und reisen in eine unbekannte Welt. Wir bauen eine Stätte der Geborgenheit und des Schutzes, die wir auf unserer Reise benötigen, und erforschen die unbekannte Welt. Anhand eines der vier Elemente bringen wir unsere Forschungsergebnisse zu Papier.

Materialien: Ersatz-Pergamentpapier, Wachskreiden, Öl-Pastell-Kreiden, farbige Holzbeizen, Borstenpinsel, Unterkonstruktionslatten oder Bambusstäbe, 2 Meter lang, Kreppklebeband, Tucker, Heisskleber, Schrauben, Nägel, Hammer, Akku-Schrauber

Durchführung: Aus den Holzleisten wird das Grundgerüst für unseren Rückzugsort gebaut. Das Holzgestell wird vorläufig mit Tüchern behängt, damit schon einmal die Möglichkeit besteht, sich zu versammeln oder sich zurückzuziehen.

Die Teilnehmer/innen teilen sich in vier Gruppen (Feuer, Wasser, Luft, Erde) ein. Jede Gruppe malt auf langen Papierbahnen mit Wachs- oder Öl-Pastell-Kreiden ihre Phantasien zu dem vorgegebenen Element, unterstützt durch Musik. Die Wachskreidezeichnungen werden mit Holzbeize übermalt. Dabei stossen die fetthaltigen Kreiden die Holzbeize ab, und diese füllt nur die unbemalten Flächen aus. Die Papierbahnen – unsere „Visionen" – weden auf dem Holzgestell festgetuckert.

Eine neu zu entdeckende Welt umgibt uns: die Bahnen sind transparent, die Farben leuchten, die Visionen umgeben uns.

Unsere Innenwelt teilt sich allen mit.

Erweiterte Erfahrung: Auf dem Boden legen wir Naturmaterialien aus. Unsere Füsse ertasten neue Wege – unsere Sinne werden angeregt.

Ein neugieriger Blick in die Welt der Phantasie (Evi Schneider)

Die Gruppe entwickelt ein phantasievolles Spiel zu den Bereichen des Erspähens und Verbergens. Aus Schuhschachteln und anderen Kartonagen stellen die Seminarteilnehmer/innen 'Guckkästen' her. Ein Loch in der Schmalseite einer Schachtel gibt den Blick frei auf das Innere, verschiedene Löcher an den Seiten und im Deckel, mit farbigem Transparentpapier hinterklebt, sorgen für genügend Licht und tauchen das Innere in eine märchenhafte Stimmung.

Beim Blick in die Guckkästen verliert sich das Auge in einer unvermuteten Abenteuerwelt. Jeder Guckkasten birgt eine neue Welt und neue Anregungen für die Sinne.

Materialien: Kartonagen in verschiedenen Größen und Formen, für die Innengestaltung Sand, Muscheln, Steine, Stoff, Leder, Fellreste, Glitzerpapiere, bunte Seidenpapiere, Wolle, Perlen, Knöpfe, Glasreste, Kronkorken und Korken, dick angerührter Kleister, Heisskleber, Klebstoff, Scheren, Cuttern.

IV

Kind, Kunst, Schule, Stadt

HANS ULRICH GRUNDER

7. Kind, Kunst und Schule: Schulpädagogische Anmerkungen

1. Ein mehrschichtiges Problemfeld

„Der Stellenwert der ästhetischen Erziehung gegenüber anderen Fächern ist niedrig, und immer wieder gibt es Bestrebungen, gerade in diesem Bereich weiter einzusparen und zu kürzen“ (DLZ 27-28/1997, S. 17), so die redaktionelle Klage in der Spezialausgabe der Deutschen Lehrerzeitung zum Thema „Kunst und Schule“ vom Juli 1997. Viele Lehrkräfte, so heisst es weiter, liessen sich von den ungünstigen Bedingungen indessen nicht abschrecken. In ihren Texten schildern Unterrichtende dann, wie sie mit Heranwachsenden künstlerisch tätig geworden sind. Wir lernen die Hamburger Gesamtschule Mümmelmannsberg kennen, die mit ihren Kunstaktionen öffentlich bekannt geworden ist. Oder die Initiative der Martin-Niemöller-Gesamtschule, welche mit neun Partnerschulen ein gemeinsames Theaterstück aufgeführt hat. Und schliesslich eine Berliner Kindertagesstätte, welche sich der kunstpädagogisch geprägten Reggio-Pädagogik verschrieben hat. Solche Skizzen stellen zwar ermutigende schulpraktische Einzelfälle dar. Eine systematische, schulpädagogische Integration von Kunst in Unterricht und Schule aber können sie nicht anleiten. Andererseits haben gerade Lehrkräfte das Verhältnis von Kunst und Schule zu optimieren versucht. Der entmutigende, jahrzehntelang gar aussichtslose Kampf um die Legitimation des Zeichnens und der Musik als Hauptfächer kennzeichnet die Mißerfolgsgeschichte einer ohnehin ausgesprochen schwierigen Beziehung: Kind, Kunst und Schule stehen bis heute in einer Nichtbeziehung, bestenfalls in einem Missverhältnis zu einander. Die Bezüge zwischen *Kind und Kunst, Kunst und Schule* sowie *Schule und Kind* konstituieren einen schulpädagogischen Problembereich. Ich interpretiere ihn – sicher fragwürdig im geometrischen Sinn – als schiefliegendes, ungleichseitiges Dreieck mit wanderndem Schwerpunkt. Die beiden schulpädagogisch hervorstechenden Bezüge will ich betrachten. Es geht demzufolge noch um die zwei Kanten des Dreiecks, welche die Bezüge zwischen *Kunst und Schule* sowie *Schule und Kind* ausmachen. Die dritte – *Kind und Kunst* – thematisiere ich nicht.

Ein Thesenkonglomerat, dessen Bestandteile unterschiedlich zu gewichten sind, leitet meine Argumentation: Zum einen unterstelle ich, die ästhetische Erziehung (insbesondere Zeichnen und Singen/Musik) würde von gesellschaftlichen Kräften vereinnahmt. Aufgrund dieser Usurpation lassen sich politische Intentionen in pädagogische Ziele umgiessen. Die Geschichte der ästhetischen Erziehung im Unterricht entspricht dann weitgehend dem Vorgang einer absichtsvollen Vereinnahmung[1] und ohnmächtiger, oft widerwilliger Akzeptanz (Ohnmachtsthese). Andererseits haben traditionelle bewahrpädagogische Interventionen die Lehrkräfte davor zurückschrecken lassen, die jeweils aktuellen Strömungen der künstlerischen Avantgarde unterrichtlich zu bearbeiten (Ignoranzthese). Die Beispiele reichen von der Malerei der Wiener Sezession über den modernen Tanz zur Popmusik und Computergrafik. Leider sind weder politische Okkupationen / persönliche Ohnmacht noch pädagogische Ignoranzen verhinderbar. Deshalb haben Schulreformer und kunstinteressierte Lehrkräfte zu einem Notbehelf gegriffen, dessen Scheitern heute nicht länger zu leugnen ist. Ihr insistierender Mängeldiskurs, der die Defizite der Schule, was die ästhetische Erziehung betrifft, permanent thematisiert, ist ebenso erfolglos wie berechtigt. Ein Blick in die Geschichte der Debatte um den Bezug von Kunst und Schule belegt, dass dazu bereits alles gesagt ist. Neue Argumente gibt es kaum. Die schulpädagogisch motivierten Vorwürfe erinnern an das Schlagen eines brüchigen, längst leeren Sackes mit dem Knüppel einer militanten kunstpädagogischen Argumentation oder dem belehrenden Hinweis auf die unterrichtliche Relevanz der Künste unter dem Etikett des „Man-sollte-endlich“. Indem wir Beispiele mehr oder weniger erfolgreicher kunstpädagogischer Argumentation heranziehen, anhand derer die Bezüge zwischen Kind und Kunst, Kunst und Schule, Schule und Kind einzuschätzen sind, können wir die Ebene des „Man-sollte-endlich“ um relevante (schulpädagogische) Argumente ergänzen.

Die Schulgeschichte zeigt: Die Defizitanalyse ist vorgetragen, zahlreiche Argumente für eine optimalere Balance zwischen Kunst und Schule sind eingebracht worden. Gefruchtet hat dies wenig. Bildungspolitische Reaktionen gab es kaum. Doch die Exponenten einer vertieften ästhetischen Erziehung haben nicht resigniert. Neben ihrem tatkräftigen Support des erfolglosen Defizitdiskurses heben sie die wenigen kunstpädagogischen Fortschritte bezogen auf Schule und Unterricht hervor. So möchte ich hier ebenfalls verfahren:

- Am Beispiel des Musikpädagogen Jaques-Dalcroze illustriere ich eine Variante, den Bezug von *Kind und Kunst* (vgl. Heymann 1951) zu bestimmen. Damit ist ein Blick in die Schulreform der zwanziger Jahre verbunden.

- Wie der Konnex von *Kunst und Schule* heute definiert werden könnte, veranschauliche ich ebenfalls exemplarisch an der Studie „Musik macht Schule“, die 1993 publiziert worden ist.

Damit offeriere ich Interpretationsmöglichkeiten für die beiden schulpädagogisch wichtigen Kanten des eingangs skizzierten Dreiecks.[2] Die beiden hier vorgestellten Exempel stellen zugleich Erfolgs- und Mißerfolgsgeschichten dar.

Doch nun zur Position der Schulpädagogik und zum gegenwärtigen unterrichtlichen Standort der musischen Fächer.

2. Grundsätzliches: Die Position der Schulpädagogik

Wer von 'basics' in der Schule spricht, verweist heutzutage gerne auf die frühe Entwicklung von Fähigkeiten, welche für das berufliche Fortkommen der Kinder wichtig zu sein scheinen. Auf diese Weise ist in jüngster Zeit der Umgang mit Computern als 'computer literacy' zu einem Unterrichtsziel geworden. Wie so oft in der Geschichte der Schule werden mit steigenden Anforderungen an die kognitiven Kompetenzen der Kinder die Künste marginalisiert. Wie können sie sich der fortschreitenden Entwertung erwehren, wenn die Schule den 'basic skills' immer mehr Unterrichtszeit zugesteht? (Egan 1997a, S. 341). Der Kanadier Kieran Egan (1997a, 1997b) faßt die Diskussion um den Stellenwert der Kunst in der Schule im angelsächsischen Sprachbereich unter der Prämisse zusammen, wir hätten – wider besseres Wissen – unzutreffende Ideen über Erziehung kritiklos akzeptiert. Dazu zähle die Annahme, das intellektuelle Wachstum der Kinder gehe der biologischen Entwicklung parallel. Daraus folgten die unterrichtsleitenden, auf Herbert Spencers (1820–1903) evolutionsbiologisches Denken zurückgehenden Maximen 'Vom Leichten zum Komplexen', 'Vom Partikulären zum Generellen', 'Vom Konkreten zum Abstrakten'. Der Erwachsene gilt unter dieser Perspektive als Integral aller Potenzen, welche im Kind bereits angelegt sind. Genau an dieser Stelle entstehe der erste Widerspruch: Es wäre absurd zu glauben, Phantasie und Vorstellungskraft seien in Kindern lediglich embryonal vorhanden und würden im Prozeß des Heranwachsens ausgeprägter, elaborierter und umfassender.

Die Entwicklungsprämisse führe im übrigen zum Akzent auf dem Erwerb grundlegender Fähigkeiten im Unterricht. Diese müßten dann möglichst schnell für die praktische Verwendung in der Erwachsenengesellschaft fruchtbar gemacht werden. „What is wrong with this reasoning?“, fragt Egan (Egan 1997a, S. 342). Seine Antwort: Kinder sind mit einigen ganz besonderen intellektuellen Fähigkeiten ausgestattet. Bereits in der frühen Kindheit optimal entfaltet, bestehen diese jedoch für den Rest des Lebens lediglich noch in residualer, abgeschwächter Form. Egan nennt hohe Metaphernkompetenz, ungebremste Fabulierlust und blühende Einbildungskraft als Beispiele. Alle verkümmerten mit zunehmendem Alter. Gerade jene imaginativen Fähigkeiten der Kinder, welche bislang für die Orientierung in der Sprache, der Gesellschaft und im Kosmos unabdingbar gewesen sind, scheinen bei Schuleintritt nicht mehr gefragt. Egan bemerkt spitz: „... these tools of the imagination are precisely those needed to keep us intellectually flexible, creative and energetic“ (ebd., S. 342). Nur wer als Erwachsener künstlerisch tätig sei, habe sich solche Fähigkeiten offensichtlich nicht nehmen lassen.

Beobachten wir im übrigen das imaginative Tun von Kindern, so erkennen wir – im Unterschied zu dem sich schleppend verbessernden logisch-mathematischen Können –, daß deren intellektuelle Aktivität keineswegs vom Konkreten, Einfachen oder Empirischen dominiert wird. Unser auf Spencers und Piagets Sicht beruhendes Bild des lernenden Kindes scheint unvollständig zu sein. Auf Gardners Theorie der multiplen Intelligenzen (1983, 1991) und Bruner (1966) verweisend setzt Egan Spencers Prinzipien die folgenden Alternativen entgegen:

- Kinder denken sowohl abstrakt als auch konkret, immer aber stark affektiv getönt.
- Sie verstehen Inhalte, die in Geschichten verpackt sind, und können aus Wörtern Bilder generieren.
- Sie schaffen und verstehen Metaphern, und ihr Lernen wird durch Reime und Rhythmen stimuliert.

Wir beginnen als Poeten, schließt Egan, indem wir die Techniken nützen, die uns die Sprache bietet, um damit in der Welt Sinn zu finden. Die Künste stellen deshalb die Basis unserer Entwicklung dar, weil sie uns zeigen, was Geschichten und Metaphern sind, Reime und Rhythmen, Bildgenese aus Wörtern, Wörterproduktion aus Bildern, Abstraktion und Gefühl. Die von Vigotsky (1962) angeregte Verbindung des Begriffs 'Kognition' mit dem Vorgang des 'inneren Sprechens' unterstützt Egans These[3]. Die Künste erlauben zudem die Wahrnehmung, das Urteil und den Ausdruck von Ideen in Prozessen, die nicht-linguistisch und nicht-mathematisch verlaufen, was beim Lesen, Schreiben und Rechnen vorkommt. Solche alternativen Wege des Wissens sind bei Kindern beobachtbar, obwohl sie sich verbal keineswegs klar auszudrücken vermögen. Gardners Theorie der multiplen Intelligenzen fokussiert unseren Blick auf nonverbale Formen des Wissens. So problematisch die wissenschaftstheoretische Seite dieser Axiome erscheint, so praxisleitend, beobachtungsrelevant und realitätsnah sind die Blickwinkel, welche Gardner (1991) anzulegen empfiehlt, um die traditionelle Sicht der Intelligenz zu erweitern: Er konstatiert musikalische, linguistische, logisch-mathematische, räumliche, körperlich-kinästhetische, interpersonale und intrapersonale Intelligenzen. Ist das Feld einmal erweitert, belegt Gardner bei vierjährigen Kindern die verschiedenartigsten Kognitionen. Interagieren die einen mit ihrer Umwelt sprachlich, tun es andere Kinder mit räumlichen oder visuellen Mitteln und dritte im sozialen Bereich. Wem Gardners Konzept zu weitläufig und unbestimmt ist, der unterstelle Bruners drei Medien der Repräsentation – das Handeln, das Vorstellen und das Symbolisieren. Insbesondere der letztgenannte Bereich, die symbolische Repräsentation von Wissen, erscheint als die Domäne der Künste.

Zurück zur Schulpädagogik, deren Verhältnis zur Kunst ich aufgrund des Gesagten wie folgt umschreibe: Ich möchte keine neuen Schulfächer einführen. Darum rege ich an, im Unterricht die Künste weniger als Disziplinen oder bestimmte Ensembles von Fähigkeiten um ihrer selbst willen zu lehren. Vielmehr müßten die Kinder im Rahmen problemlösenden Handelns basale künstlerische Fertigkeiten als Lösungschancen bewußt einsetzen lernen. Die Künste wären dann ihre zusätzlichen 'Sprachen'. Sie wären auch Ausdrucksmittel, die dazu dienen, Phantasieproduktion und Lernprozesse zu optimieren.

Wieweit ist eine solche Sicht bereits Realität geworden? Ein Blick auf die Geschichte der Kunstfächer als schulische Nebenfächer zeitigt ein düsteres Bild, obwohl immer wieder Reformkonzepte lanciert worden sind.

3. Die Künste als Schul(neben)fächer

Ein ehemaliger Zögling des Kreuzlinger Lehrerseminars (Kanton Thurgau, Schweiz) attackiert um 1870 seine Ausbildungsstätte, indem er nun verlangt, was er selber nicht erlebt hat (Hanimann 1871). Schule soll Kinder zu Menschen erziehen, indem sie die in ihnen schlummernden Kräfte weckt und harmonisch fördert. Unterricht dürfe nicht lediglich Wissen vermitteln, wohlformulierte Examensberichte verteilen, alle Schüler intellektuell gleichweit zu bringen versuchen, um dann selbstgerecht anzunehmen, nun sei Bildung weitergegeben. In der harmonischen Bildung des ganzen Menschen liege der schulpädagogische Königsweg.

Für einen anderen zeitgenössischen Schulkritiker (Hagmann 1887) leidet die Volksschule nicht so sehr darunter, „dass wir zu vieles und vielerlei lehren, sondern (...) daß wir den Lehrstoff auf die Schuljahre falsch verteilen!“ (Hagmann 1887, S. 79) Der ausschließliche Anspruch an Schule bestehe darin, „die Natur des Schülers (...) in seiner Entwicklung während der Schulzeit zu fördern, nicht mit Rücksicht auf äußere Anforderungen, sondern zugunsten seiner Selbständigkeit“ (ebd., S. 15). Knapp zwanzig Jahre vor dem Aufkommen reformpädagogischer Vorstellungen in Deutschland insistieren Hanimann und Hagmann in durchaus reformpädagogisch anmutender Semantik.

Soll Schule aber nicht auf weiterführende Schulen vorbereiten, darf sie von der allseitigen Entwicklung des Kindes, von der ‘kindlichen Natur ausgehen’. Insofern sei fraglich, welche Stoffe denn für das Kind ‘elementar’ seien, was ein vernünftiger und naturgemässer Lehrplan enthalte und wie die Unterrichtsfächer die kindliche Entwicklung förderten. Erbost fragt der Kritiker, weshalb die Kinder während so langer Zeit in abgesonderte Räume gesperrt würden, um das bißchen Wissen zu erwerben, das sie am Ende der Schulzeit vorzeigen können. Hagmann, auf den Fächerkanon und die ästhetische Erziehung anspielend: „Diese sogenannten Elementarfächer (gemeint sind Lesen, Schreiben und Rechnen; d. V.) haben den Kindern weder elementares Wissen noch elementares Können geboten“ (ebd., S. 11). Die Schule, eine Dressieranstalt, nehme den Auftrag, eine ‘Erziehungsanstalt’ (ebd., S. 9) zu sein, kaum je wahr. Stoffüberfüllung, Halbwissen und unverarbeitetes Halbkönnen seien die Folgen. Darum möchte Hagmann die Grundschulkinder wirklich *elementare Fähigkeiten* erwerben lassen. Dazu zählt er das Training der Sinne, das Singen, Zeichnen und die Musik. Vor allem Lesen, Schreiben und Rechnen sollen während der ersten vier Schuljahre kaum geübt werden. Eines schlechteren belehrt, wissen wir heute, dass Hanimanns und Hagmanns Rezepte nicht verwirklicht worden sind. Zeichnen und Singen / Musik, denen ich mich jetzt zuwende, sind keineswegs zu *Elementarfächern* geworden, sondern weitgehend schulische Nebenfächer geblieben.

3.1 Zeichnen

1901 wurde im Kunstunterricht der höheren Schulen in Deutschland darauf hingearbeitet, den Form- und Farbensinn zu entwickeln und einfache Natur- und Kunstformen darstellen zu lernen (Herwald; Rech 1983, S. 218)[4]. 1926 taufte man das Fach um, in 'Zeichen- und Kunstunterricht'. Die betreffenden Stunden schlug man fortan nicht mehr zu den 'technischen Fächern'. Nun war Zeichnen zu einem selbständigen Schulfach geworden. Im selben Jahr sprechen Kommentatoren (Pallat) dem Kunstunterricht denselben Wert zu wie den wissenschaftlichen Fächern (ebd., S. 218). Was bedeutete dies für die Inhalte?

Während des gesamten 19. Jahrhunderts war vor den Heranwachsenden eine ideale antike Kunst beschworen worden. Sie sollte den Umgang mit den anderen gymnasialen Unterrichtsgegenständen leiten. Darum konnte der Kunstunterricht dazu dienen, das humanistische Gymnasium gegen das expansive Realschulwesen zu schützen. Unter dem 'Naturzeichnen' verstand man – für Heutige paradox – das Arbeiten nach dem plastischen Modell, also das Abzeichnen geometrischer Körper oder von Gipsabdrücken „nach der Antike" (ebd., S. 219). Die Schüler – damals weitgehend Jungen – sollten das Schöne darin sehen lernen. Zugleich sollte in ihnen das Schöne ausgebildet werden. Zwischen 1870 und 1890 wurden auch in der Volksschule die Zeichenvorlagen und Gipsmodelle benutzt. Dort bestand das Zeichnen überwiegend in geometrischen Übungen. Rechteck, Dreieck und Kreis bildeten die Basis. Der oktroyierten Phantasielosigkeit auf dem Zeichenblatt entsprach die Disziplinierung der Heranwachsenden durch das gesamte schulische *setting*. Man begriff das in Preußen 1872 zum obligatorischen Volksschulfach erhobene Zeichnen als reduzierte Wiedergabe der Realität. Für diese Haltung symptomatisch mag der Rat gegenüber Lehrern gelten, die ersten zeichnerischen Übungen, die ein Kind auszuführen fähig sei, bestünden im Umreißen ausgeschnittener Figuren mit Blei- oder Farbstiften. Musste gemäss dieser Maxime der Zeichenlehrer selber keineswegs Zeichnen können, erfolgte zur Jahrhundertwende eine Veränderung. In der Volksschule einsetzend, war sie nicht frei von nationalpolitischen Überdrehtheiten und nicht zuletzt nationalökonomisch motiviert. Nun wurde das Zeichnen politisch vereinnahmt: Mit Hilfe der ästhetischen Erziehung sollte sich Deutschland 'von der Vorherrschaft des Auslands (z.B. von der Vorherrschaft der soeben militärisch besiegten Franzosen auf dem Kunst- und Modemarkt) emanzipieren' (Kerbs 1972, S. 73) können. Ein konservativer Beobachter schoss 1905 über dieses Ziel noch hinaus. Er wollte die Kunst in der deutschen Schule verankern (Herwald; Rech 1983, S. 222), um die infolge der industriellen Revolution entstandenen sozialen Probleme, darunter „das rote Gespenst" (ebd., S. 222), zu bannen. Damit wäre der Rückgriff auf eine volkstümliche, gemütliche und mit religiös-sittlicher Bildung verbundene Kunst einhergegangen. Die Volksschule bot sich als der Ort an, wo – etwa mit den Bildern von Ludwig Richter – eine volksnahe, heimatliche Kunst etabliert werden konnte: Zeichnen und Musik erschienen hier zudem als harmonisierendes, verträglichkeitsförderndes Balsam für „das niedrige Volk" angesichts trostloser Lebensumstände. Die Gymnasiasten dagegen sollten sich mit der „bildenden Kunst" auseinandersetzen, indem sie das 'freie und gebundene Zeichnen' übten.

Allmählich hatten freies Arbeiten und persönliche Ausdrucksweise das traditionelle 'Zeichnen nach der Natur' abgelöst. Daneben erhielt das 'gebundene Zeichnen' als Linearzeichnen die Aufgabe, den Schüler zu exaktem, projektivischem Darstellen von handwerklichen, technischen und architektonischen Gegenständen anzuleiten.

Nach 1945 löste die Kunstpädagogik eine verharmlosend-regressive Kunsterziehung nur zögerlich ab. Gunter Otto, ihr wichtigster Exponent, betont heute die Interdisziplinarität des Fachs Kunsterziehung. Er begründete das moderne didaktische Fundament des Fachs und förderte in den sechziger Jahren dessen Weg hin zur ästhetischen Erziehung. Fortan sollten die Lehrkräfte Alltagsgegenstände und Massenmedien einbeziehen. Die ausschließliche Referenz auf die Kunst schien angesichts der modischen 'visuellen Kommunikation' nun unzweckmäßig. In den achtziger Jahren besann man sich dann wieder auf die klassische Beschäftigung des Kunstunterrichts, auf das Zeichnen als 'Aneignung von Wirklichkeit'. Darüber hinaus kommt zur selben Zeit eine therapeutische Richtung im Zusammenhang mit der 'Sozialpädagogisierung der Schule' und der Ausdifferenzierung der Sonderschulpädagogik auf.

3.2 Musik

Im Kanon der allgemeinbildenden Schulen ist Musik seit Jahrhunderten vorhanden. Sie gilt als einer der ältesten Unterrichtsgegenstände schulisch-institutionalisierter Unterweisung (Brockhoff; Pfützenreuter 1983, S. 180)[5].

Wie im Fall des Zeichenunterrichts läßt sich auch für den schulischen musikalischen Unterricht unterstellen, daß ihn in allen Zeiten außermusikalische Zwecke nachhaltiger bestimmt haben als künstlerische oder pädagogische Maximen. Auch der Musikunterricht hat den Herrschenden dazu gedient, über pädagogische Maßnahmen politische Ziele anzustreben (Brockhoff; Pfützenreuter 1983, S. 190). Nominell und formal hat das Unterrichtsfach Musik an deutschen Schulen allerdings eine Geschichte von lediglich siebzig Jahren. Mit dem Ministerialerlaß vom 14.4.1928 zur *Reform des Musikunterrichts an den höheren Lehranstalten* hatte der offenere Terminus 'Musikunterricht' die traditionelle Bezeichnung 'Gesangsunterricht' abgelöst[6].

Am Beginn des 19. Jahrhunderts stellten im Deutschen Reich 'Musik' und 'Gesang' ein wichtiges Element der Volksschule dar. 'Singen' war verbindliches Schulfach.

Neben Kirchenliedern etablierte sich allmählich auch das Volkslied, in der Volksschule insbesondere das 'Kinderlied' (zunächst als eine säkularisierte Form christlicher Menschenbildung, dann als volkstümlich-patriotisches Vaterlandslied). Nach 1918 blieb der Primat des gesungenen Liedes erhalten. Schulgesang erschien als ein Instrument, die unversehrt vorindustriell-ganzheitlichen Lebensformen in die technisiert-arbeitsteilige Industriegesellschaft zu retten. Die Schulreformer der zwanziger Jahre definierten Musikerziehung dann als Erziehung durch und zur Musik. Dieses freischwebende Charakteristikum konnten die Nationalsozialisten mühelos mit völkischen und bewegungsnahen Elementen unterfüttern[7]. Auch nach 1945 blieb das Lied Schwerpunkt des Musikunterrichts. Man wandte sich allerdings wieder vermehrt klassischer und zeitgenössischer Instrumentalmusik zu. Erst 1979 erlosch der Primat des Liedes, so etwa in Nordrhein-Westfalen. Damit war der Schritt zum sachspezifischen Umgang mit dem auditiven Medium 'Musik' vollzogen. Dies schloß vokal-instrumentales Musizieren und Werkhören ebenso ein wie Fragen der Vermittlung und der Wirkung von Musik. Seither besteht das Ziel des Musikunterrichts im 'Musiklernen'. Die Lehrkräfte versuchen angesichts des unüberschaubaren medialen Angebots Kriterien für individuell-mündige Verarbeitungsstrategien anzubieten – als Folge eines bewußten Umgangs mit musikalisch-akustischen Phänomenen (Brockhoff; Pfützenreuter 1983, S. 204).

Im gymnasialen Sektor oszillierte der musikbezogene Unterricht zwischen wissenschaftspropädeutisch-theoriebewußtem Unterricht und materialbezogen-praktischer Übung. Für hundert Jahre war 'Singen' ab 1820 im Lehrplan festgeschrieben. Damit ist zunächst die gottesdienstliche, später schul- und nationalfeiergestaltende Funktion der Schulchöre angesprochen. Für den drei- bis vierstimmigen Chorgesang waren zwei bis vier Wochenstunden vorgesehen. Die Praxis beschränkte sich allerdings weitgehend auf zwei Lektionen Singen in Sexta und Quinta sowie zwei weiteren Stunden Chorgesang aller Klassen. Wie das Zeichnen galt Singen als 'technisches Fach' außerhalb des Lehrplans. Je nach Gelegenheit wurde es am Gymnasium von Volksschullehrern, von Seminaristen oder gar von Schülern erteilt. Obwohl das Fach, wie 1820 verlangt wurde, 'das musikalische Verständnis' hätte wecken sollen, beklagt 1931 ein Historiker: „Man hat vor lateinischen Aufsätzen und griechischen Präparationen den musikalischen Mutterboden ganz aus den Augen verloren" (zit. in Brockhoff; Pfützenreuter 1983, S. 206). Die Musikpädagogen hatten es nachgerade verpaßt, die grundsätzliche Unverträglichkeit der gymnasialen Lernziele mit dem Gesangsunterricht zu thematisieren. Erst 1924 wurde das Singen um elementares musikalisches Fachwissen, Musikgeschichte und Werkkunde zum 'Kunstfach Musik' erweitert. Fortan sollte auch dieser Bereich im Dienst der Persönlichkeitsbildung und der Phantasietätigkeit stehen. Inzwischen hatten die Musikpädagogen die kognitive Schlagseite des gymnasialen Lernens hinreichend kritisiert. Das dürre Faktenlernen war als kompensationsbedürftig denunziert worden. Man drang – auch für den gymnasialen Sektor – auf das Fördern aller Fähigkeiten einer harmonisch gebildeten Persönlichkeit. Der Musikunterricht sollte nun sogar dazu ausersehen sein, die als unproduktiv wahrgenommene Trennung zwischen Schule und Leben zu überwinden. Eher schleppend, und unterbrochen durch die Nationalsozialisten, hatte sich die gymnasiale Musikpädagogik bewegt[8].

Nach 1945 strebte man unter der Etikette der *musischen Bildung und Erziehung* ein vages künstlerisch-ethisches Ziel an. Die musizierende Tätigkeit der Schüler wurde hervorgehoben. So konnte sich der Musikunterricht der medial vermittelten Umwelt annähern. Seit 1973 gibt es den Musik-Leistungskurs mit sechs Wochenstunden. Vergleichbar dem Zeichnen verläuft die Entwicklung des musikbezogenen Unterrichts im *Mittelschulwesen* zäh aber kontinuierlich vom technischen über das künstlerische zum leistungsorientierten Schulfach. Ob sich Musik dadurch als gleichberechtigtes gymnasiales Fach hat etablieren können, steht zur Debatte.

4. Reformbewegungen

Im folgenden geht es um die beiden eingangs angesprochenen Beispiele für die Ausgestaltung der Bezüge zwischen *Kind und Kunst* sowie *Kunst und Schule.* Beide Exempel belegen den Willen der Reformer, das entsprechende Verhältnis auszubalancieren. Insofern sind sie Teile einer Erfolgsgeschichte. Andererseits ist es den beteiligten Protagonisten in beiden Fällen nicht gelungen, schulpädagogisch relevante Veränderungen in Bezug auf die Definition des jeweiligen Verhältnisses einzuleiten. Insoweit bilden sie Teile einer Mißerfolgsgeschichte.

4.1 Kind und Kunst: Emile Jaques-Dalcroze

Das erste Drittel des 20. Jahrhunderts wird in der Regel als Dreh- und Angelpunkt der modernen Kunstpädagogik bezeichnet (Herwald; Rech 1983, S. 216). Indem man sich auf das Kind und die Entwicklung seiner Persönlichkeit als Schulziel besann, war die einleuchtende Folge dieses Gedankens die Frage nach der Integration zersplitterter Schulfächer. Die damalige ‘kindorientierte Pädagogik’ sah in der physischen Reifung des Heranwachsenden einen natürlich verlaufenden Prozeß. Johannes Gläser prägte den Slogan ‘vom Kinde aus’, eine Parole, mit der sich die als Buch- und Drillschule des 19. Jahrhunderts denunzierte Unterrichtsorganisation curricular und methodisch aushebeln ließ.

In der Kunsterziehungsbewegung kristallisierte beträchtlicher reformpädagogischer Elan. Den Protagonisten war der freie, spontane zeichnerische und malerische Ausdruck des Kindes bedeutsam. Man datiert den *take-off* der Kunsterziehungsbewegung in der Regel mit dem ersten Kunsterziehungstag, der 1901 in Dresden abgehalten wurde, obwohl es selbstverständlich Vorläufer gegeben hat. Wie auch immer: Thematisiert wurde dreierlei – die Kunst im Leben des Kindes, der Bezug zwischen Kind und Kunst und das Kind als Künstler.

Die Parole 'vom Kinde aus' verbarg den Gedanken, die als zersplitterte Realität aufgefaßte Umwelt mittels eines Schulfachs, des Zeichnens, zu heilen. Die bereits erwähnten Vertreter der Lebensgemeinschaftsschulen der Weimarer Republik versuchten aufgrund der Integration von Kopf- und Handarbeit die verlorene Ganzheitlichkeit wieder herzustellen[9].

Emile Jaques-Dalcrozes kunsterzieherisch begründeten Argumente für eine Reform des schulischen Musikunterrichts entsprachen den Intentionen der reformpädagogischen Akteure der 'éducation nouvelle', der 'progressive education'.[10] Das rhythmische Konzept Dalcrozes enthält weder eine rein pädagogische Methode, noch ist es ein Unterrichtsfach und ebensowenig eine Kunst wie Musik oder Tanz. Rhythmik, welche die heranwachsende Persönlichkeit ganzheitlich anspricht, opponiert zwangsläufig dem gängigen Schulfachdenken. „Sie versucht, die intellektuellen, künstlerischen oder die 'aktiven Fächer' zu ergänzen" (Spector 1990, S. xi), schreibt ein Chronist. Körperliche Bewegung kann allerdings nicht gedacht werden ohne die Fähigkeit, Musik zu hören. Dalcroze zufolge führt die Rhythmik wesentliche Bereiche des menschlichen Lebens zusammen: Aufmerksamkeit, Intelligenz, Sensibilität und Bewegung.

Zur Rezeptionsgeschichte

Die erste Biographie über Jaques-Dalcroze wurde von seiner Schwester verfaßt (Jaques Brunet-Lecomte 1950), die nächste folgte fünfzehn Jahre danach (Martin et al. 1965) zur hundertjährigen Wiederkehr von Jaques-Dalcrozes Geburtstag. Was die *Rezeptionsgeschichte* der Dalcrozeschen Rhythmik betrifft, belegen Bibliographien (Martin 1965, Bachmann 1984, Spector 1990, zur Literatur über Dalcroze bis 1965: Martin 1965, S. 573), daß der Bezug der Dalcrozeschen Musikerziehung zum Ensemble der 'Genfer Schule' um Flournoy, Claparède, Bovet, Ferrière und Piaget bislang nicht (und ebensowenig jener zur internationalen oder nationalen Reformpädagogik) herausgestrichen worden ist. Dalcroze wird von den Biographen als ein bestenfalls skurriler Solitär behandelt, der zwar in einer pädagogisch anregenden Stadt aufgewachsen sei und darin dann musikunterrichts- und schulreformerisch gewirkt habe. Geht es mitunter um 'Dalcroze und seine Zeit' (Martin 1965, S. 27ff.), wird lediglich Biographisches und Zeitgeschichtliches angesprochen, nicht aber die Positionierung der Dalcrozeschen Ansätze in einer reformpädagogisch bestimmten Schullandschaft vorgenommen, wie sie Genf zu Jahrhundertbeginn dargestellt hat. Dort liegen Reformen in der Luft (Martin 1965, S. 66ff.), die einer der Biographen knapp angesprochen hat. Wie andere, etwa Isadora Duncan (Duncan 1928) oder Pierre de Coubertin, habe, so wird demgegenüber angemerkt, auch Dalcroze auf die Antike zurückgegriffen, um dort Anregungen für ein glückliches, auf der Harmonie aller menschlichen Fähigkeiten ruhendes Leben zu finden – Leitgedanke damaliger pädagogischer Reformen. Für Duncan besteht das Ziel einer musikalischen Erziehung, die im nachhinein durchaus als reformpädagogischer Ansatz musikalischer Erziehung zu deuten ist: „Le but de l'enseignement commençant par la gymnastique et s'achevant par la danse et l'épanouissement intégral de l'être. Mais chaque jour de la vie des enfants doit être une oeuvre complète et heureuse“ (Duncan, zit. in Martin 1965, S. 70).

Die Reformpädagogik in Genf

Von einer philosophisch motivierten kulturkritischen Stimmung, wie sie in Deutschland nicht zuletzt infolge der Schriften von Nietzsche, de Lagarde und Langbehn befördert und konkretisiert worden ist, kann man in der Schweiz nur bedingt sprechen. Zu besehen gilt es in diesem Kontext die Stadt Genf als ein Zentrum der Erziehungsreform nach 1890. Kunsterzieherische Ansätze in der Schweiz können dagegen nur beiläufig gestreift werden, da sie bislang kaum aufgearbeitet worden sind.

Übernimmt man einer handlicheren Systematik wegen – und sich damit etliche Probleme einhandelnd – eine bislang gängige, für diesen Zweck freilich nicht streng angewandte Einteilung der Reformpädagogik in 'Bewegungen', dann läßt sich für die Schweiz folgendes sagen:

Wohl gibt es nach der Jahrhundertwende eine Jugendbewegung und 'jugendbewegte Zeitschriften' werden verbreitet (z.B.: 'Der Wandervogel' von 1909 bis 1955), man kennt sozialistische Jugendorganisationen und zu Beginn des zweiten Jahrzehnts fassen die Pfadfinder Fuß. Der schweizerischen Jugendbewegung kann aber niemals (schon was die Zahlen anbelangt) ein nur annäherndes Gewicht beigemessen werden wie der deutschen. Eine bemerkenswerte Ausnahme bildet Jaques-Dalcroze, dessen Konzepte bis heute praktiziert werden. Als besser erforscht präsentiert sich die Diskussion um die Arbeitsschule. Obschon die Arbeitsschulidee schon in der Mitte des 19. Jahrhunderts in der Schweiz propagiert wird, faßt erst das Buch des Genfers Adolphe Ferrière den Gedanken der Arbeitsschule systematisch zusammen und erweitert den arbeitspädagogischen Ansatz des frühen Kerschensteiner zum umfassenderen einer 'Tatschule', einer 'école active'. Konturierter als alle bisher betrachteten Richtungen zeigt sich in der Schweiz die 'Bewegung vom Kinde aus'. Sie geht parallel mit jener der Landerziehungsheime, indem deren Exponenten die Postulate ersterer in ihren Internaten zu realisieren versuchen. In Genf vor allem wird die 'Bewegung vom Kinde aus' zu einer die pädagogische Landschaft strukturierenden Kraft. Die Maximen der 'école active' als zukünftige staatliche Regelschule hatten die Lehrer der Romandie anlässlich ihres vierten Jahreskongresses 1924 per Abstimmung in ihrer Mehrheit akzeptiert. Dadurch sollte zum mindesten die Primarschule zu einer 'Tatschule' werden. Dieses schulreformerische Votum hat in den Publikationen der folgenden Jahre jedoch keine Spuren hinterlassen.

Auch die schweizerischen Landerziehungsheime sind aus dem schul- und gesellschaftskritischen Impuls des ausgehenden 19. Jahrhunderts herausgewachsen.

Entstanden aus den Erlebnissen ihrer späteren Gründer als Lehrer in Abbotsholme (Reddie), Bedales (Badley), Ilsenburg (Lietz) oder Roches (Demolins), nehmen die schweizerischen Landerziehungsheime einen gesamteuropäischen Impuls auf und führen ihn jahrzehntelang weiter, bis sie – spätestens nach Kriegsende 1945 – ihren Selbstanspruch als Reformschulen größtenteils endgültig aufgeben. Wie verhalten sich Schulkritik und Schulreform in der Stadt Genf, einer der Wirkungsstätten Dalcrozes, zu Beginn des 20. Jahrhunderts? Angesichts einer in ihrer Optik schlecht funktionierenden Schule, verlangt dort eine ganze Reihe von Pädagogen, Psychologen, Schulleuten und Kulturschaffenden um die Jahrhundertwende die radikale Schulreform: Aufgrund ihrer Beschäftigung mit der experimentellen Pädagogik, der Kinderpsychologie und einer noch ungestümen Schulkritik scheint den Protagonisten einer 'neuen Schule' die entschiedene Schulerneuerung angezeigt. Der von Flournoy, Claparède, Dalcroze, Bovet, Ferrière, Lafendel, Audemars, schließlich Piaget, Dottrens und Meylan in pädagogischen Periodika und Büchern nachdrücklich gewünschten Korrektur des Schulwesens geht ein harscher Mängeldiskurs am traditionellen Unterricht parallel. Zum einen gründet dieser auf dem Einwurf der Kinderpsychologen, die Schule agiere im Grund gegen die Heranwachsenden – ja sie operiere geradezu unpsychologisch. Zum anderen berücksichtigt er die um die Jahrhundertwende in ganz Europa artikulierte Absicht, die hergebrachte, als veraltet geschmähte Institution des 19. Jahrhunderts endlich den veränderten ökonomischen, sozialen und kulturellen Gegebenheiten anzupassen.

Da schlägt man eine weniger starre Unterrichtsdidaktik vor und möchte eine verbesserte methodische Ausbildung der Lehrkräfte anstreben. Unterricht soll endlich das Kind ernst nehmen, heißt es, Schule muß von kindlichen Bedürfnissen ausgehen und die Lernenden ihren Fähigkeiten gemäß behandeln.

Den Reformern geht es nur beiläufig um schulinterne Kritik, vielmehr sehen sie die Schule im zeitgenössischen kulturellen Umfeld, das auf sie nicht mehr zu passen scheint: Die 'neue Schule', wie sie die Genfer Pädagogen antizipieren, wird von ihnen mit den Begriffen der 'éducation fonctionelle' (Claparède), der 'école active' (Ferrière), der 'école de culture' (Meylan) oder – zusammenfassend – der 'école nouvelle' (Bovet, Dottrens) charakterisiert. Der Wille, Schule in Abhängigkeit der kindlichen Bedürfnisse zu reformieren, also eine 'neue Erziehung' zu realisieren, sowie die Absicht, die Heranwachsenden als 'aktiv Lernende' zu interpretieren, bleiben in der Romandie keineswegs im Theoretischen haften. Dieselben Pädagogen, die die Reform verlangen, gehen daran, sie auch in die Tat umzusetzen. Dafür gründen sie das *'Institut Jean-Jacques Rousseau'*, die *'Ecole du Mail'* und das *'Maison des Petits'*. Ein Bestandteil dieser in ihren Hauptzügen geschilderten, pädagogisch und institutionell seit 1900 ständig sich wandelnden Situation ist Emile Jaques-Dalcroze, der mit Edouard Claparède, dem Arzt und Kinderpsychologen, seine eigenen Ideen erörtern sollte.

Dalcroze, in Wien in eine Pastorenfamilie geboren [11], deren letzter Sproß, sein Vater, ein Vertreter war, verlebt eine glückliche Jugend (Spector 1990, S. 5), erhält mit sechs Jahren Klavierunterricht, komponiert mit sieben einen Marsch für eine Kinderfreundin und kehrt 1875 nach Genf zurück. Nach dem Besuch der Genfer Ecole Privat bezieht er 1877 das Collège de Genève, ab 1881 das Gymnasium [12], wechselt 1883 an die Genfer Universität, studiert ein Jahr und zieht schließlich nach Paris, um dort einen Dramakurs zu besuchen. Seine Schulzeit hatte ihm außerordentlich mißfallen.[13]

1886 erhält er eine Stelle als zweiter Dirigent in Algier. Ein Jahr danach geht er nach Wien und tritt in Anton Bruckners Klasse für Komposition ein. Bis 1891 studiert er wiederum in Paris, in der Klasse Gabriel Faurés und Léo Délibes. Nach Genf zurückgekehrt, wird Dalcroze als Professor für Harmonielehre und Solfège an das Konservatorium berufen. 1893 erscheint sein Liederbuch ('Chansons romandes'). 1896 gibt er dem Festspielgedanken mit seiner Komposition ('Poême alpèstre') anläßlich der Landesausstellung in Genf einen neuen Impuls. Als Achtunddreißgjähriger ist der Komponist Dalcroze auf der Höhe seines Ruhms.

Aufgrund seiner Tätigkeit als Solfège-Lehrer kommt Dalcroze auf den Gedanken, daß „musikalische Sensationen rhythmischer Natur eine muskuläre und nervöse Antwort des ganzen Organismus“ (Jaques-Dalcroze 1921, S. XIII) bedingten. Aufgrund einer zufälligen Beobachtung konzipiert Jaques-Dalcroze Übungen, die vom Körper eine Antwort auf einen musikalischen Stimulus fordern: Schritte, Armbewegungen, beides zusammen. Voraussetzung dafür sind Dalcroze zufolge die Freiheit in der Bewegung – und in einer besonders leichten Kleidung (Spector 1990, S. 57).[14]

Dalcroze arbeitete am theoretischen Problem, die Körperbewegungen mit den musikalischen Mustern zu koordinieren. Darin sah er die erzieherische Qualität der Bewegung, verbunden mit der Musik, insbesondere die erzieherische Relevanz des Rhythmus, angesprochen. Bei Claparède (1873–1940) fand Dalcroze die Begrifflichkeit, die seinen Ideen entsprach [15]. Dalcroze streicht beide Aspekte der Musikerziehung heraus: die Hörübungen (Solfège) und die Bewegung. Beide entspringen einer Quelle – dem Rhythmus. Am Klavier improvisierend versucht Dalcroze, die beiden Elemente mit der Musik zu balancieren. Ab 1903 ist die Methode insoweit gefügt, daß Dalcroze in Schweizer Großstädten mit einer Gruppe von Studierenden Demonstrationen durchführt (Spector 1990, S. 73). Touren ins Ausland folgen 1904 und 1905.

In einem Vortrag klagt der Genfer die Bildungspolitik an: „The spirit of music is expressed in a special language which educational authorities do not know how to read.“ (zit. von Spector 1990, S. 79) [16]. Dalcrozes Defizitanalyse der musikalischen Fähigkeiten der Schuljugend ist radikal (ebd., S. 79). Als Heilmittel lobt er seine Rhythmik (Dalcroze 1906) [17]. Demzufolge müsse in der Schule genügend Zeit für rhythmische Übungen ausgespart werden. Davon verspricht sich Dalcroze steigende körperliche und intellektuelle Effizienz.

Zu jener Zeit breitet sich das Konzept über Europa aus. Es wird sowohl in Klassen für fünf- bis neunjährige Kinder wie auch in Erwachsenengruppen praktiziert. Um 1912 ist es in England allgemein bekannt (Spector 1990, S. 146). 1913 eröffnet die 'London School of Dalcroze Eurythmics'.[18] Während seiner Tätigkeit in der Gartenstadt Hellerau konkretisiert Dalcroze sein Konzept in der 'Rhythmischen Bildungsanstalt Hellerau'.[19] Sein Verdienst in Hellerau liegt nicht zuletzt darin, die Rhythmik mit dem Theater verbunden zu haben.[20, 21, 22, 23]

Zur Ausbreitung der Idee

1916, so notiert Dalcrozes sechsmal jährlich erscheinendes Periodikum, werden in der Schweiz (Basel, Bern, Fribourg, La Chaux-de-Fonds, Lausanne, Montreux) insgesamt fünfunddreissig Dalcrozesche Rhythmikkurse angeboten. Der Lehrplan an der Dalcroze-Schule besteht aus Hauptfächern (Solfège, Rhythmik, Improvisation; vier Jahre lang à 3 bis 4 Lektionen wöchentlich), und Nebenfächern (Technik und körperlicher Ausdruck, Musikgeschichte, Perkussion, Pädagogik, Eutonie, Klavierspiel; 2 bis 4 Jahre, ein bis sechs Stunden wöchentlich). Der Ausbildungsgang schließt mit einem Diplom ab, das aufgrund einer Prüfung in allen Fächern erteilt wird. 1991 verfügen der Kanton Genf und die Waadt innerhalb einer Reform des musikalischen Unterrichts die Eröffnung von Rhythmik-Kursen an öffentlichen Schulen.

Ab 1913 wirken Dalcrozes Vorstellungen in den USA, wo die Rhythmik 'Eurythmics' genannt wird (zu der Ausbreitung von Dalcroze Schulen in den USA: vgl. Spector 1990, S. 240; ebenso: Schuster 1938, Becknell 1965). Zu den Zahlen reportiert Spector, daß es 1912 in den USA drei Instruktoren der Dalcroze-Methode gegeben habe. 1924 waren es elf, 1928 zwanzig (in 43 Colleges und Schulen), 1965 sind es 180 in 24 Staaten und 93 Städten. 1974, anläßlich des Internationalen Dalcroze-Kongresses in Genf, nehmen 227 Menschen aus 22 Ländern teil; die USA sendet die zweitgrößte Delegation, die Schweiz die größte.

Dalcroze ist, seit einem Jahr in Paris, gerade sechzig geworden, als ihm 1925 die Stadt Genf ihr Ehrenbürgerrecht verleiht. 1926 kehren die Dalcrozes, deren Sohn zwischenzeitlich im Landerziehungsheim 'La Châtagneraie' gewesen ist, nach Genf zurück, wo Paul Boepple das 'Institut' geleitet hatte. Dieser sollte von Dalcroze nach den USA geschickt werden, um dort die 'New York Dalcroze School of Music' zu leiten. Ein anderer Schüler Dalcrozes, Jean Binet, erteilt im selben Jahr Rhythmiklektionen an der Decroly-Schule in Brüssel. Ab 1933 verbringt Dalcroze sein Alter – zuweilen geplagt von Rheumatismen – in Genf, wo er weiter komponiert, seine weitverstreut gedruckten Artikel zusammenträgt und geschlossen publiziert. Der zweite Weltkrieg unterbricht die allmähliche Ausbreitung der Rhythmik in den nordeuropäischen Ländern und in England. (Zur Kritik an seinem kompositorischen, improvisatorischen und rhythmischen Werk: Spector 1990, S. 325ff.)

Die Rhythmik Jaques-Dalcrozes parallelisiert die ontogenetische Entwicklung des Menschen mit der historischen Entwicklung der Musik. Dies ist ein Gedanke, womit Dalcroze an die Rekapitulationstheorien der anderen Genfer Pädagogen anschließt. Dalcrozes Beobachtungen ergeben, daß die Musik der aufeinanderfolgenden Kulturepochen den Stufen der menschlichen Entwicklung entspricht (vgl. Kleinert 1952, Band 2, S. 497ff.). Die zu Beginn seines musikerzieherischen Wirkens noch 'rhythmische Gymnastik' genannte 'Methode' versucht darum Beziehungen zwischen den körperlichen Regungen und jenen, die Gefühl oder Verstand schaffen, zu knüpfen. Als „unerlässliche Ergänzung zu jeder Gesundheits- wie auch zu jeder intellektuellen oder künstlerischen Gymnastik" (vgl. Kleinert 1952, S. 499) verfolgen die Übungen unterschiedliche Ziele: Zum einen lösen sie aufgrund eines unvermuteten Befehls ('hopp') spontane, körperliche Reaktionen aus. Andererseits appellieren sie an die geistige Konzentration, zwischen 'muskulären Dynamismen und nervösen Zentren' ein Gleichgewicht schaffend. Und drittens zielen sie auf die Entfaltung der Einbildungskraft und des Gefühls, „weil sie die körperlichen Funktionen mit denen des Geistes in Einklang bringen, woraus wiederum ein Zustand der Befriedigung und froher Seelenruhe entspringt" (Kleinert 1952, S. 499). Gebärden des Lehrers oder Befehle bewirken beim Kind entweder eine direkte, augenblickliche Nachahmung oder eine rasche Assoziation motorischer Ideen.[24]

Um sein Ziel zu erreichen, verlegt Dalcroze seine Wirkungsstätte aus den engen Räumen des Konservatoriums. Er arrangiert und leitet Musikabende, Theater- und Festspiele. Jede künftige Erziehung muß Dalcroze zufolge die Kinder lehren, ihre geistigen und körperlichen Fähigkeiten an dem zu messen, was frühere Generationen angestrebt und erreicht haben. Im übrigen soll Erziehung den Heranwachsenden zu Erfahrungen verhelfen, die ihnen erlauben, ihre Kräfte realistisch zu bewerten, die Balance zwischen ihnen herzustellen „und sie den dringenden Forderungen ihres besonderen wie auch des gesamten Daseins anzupassen" (Jaques-Dalcroze 1921, S. XII). Damit ist mehr als eine traditionelle Bildung angesprochen, nämlich jene Mittel zu einer umfassenden Erziehung, die die Kinder ihr eigenes Leben leben lassen „und es gleichzeitig mit demjenigen ihrer Mitmenschen in Einklang (...) bringen" (Jaques-Dalcroze 1921, S. XII). Der Musikreformer mit einem Blick auf die gesamte Erziehung weiter: „Mir scheint, es gelte vor allem unsere Kinder zu lehren, sich ihrer eigenen Persönlichkeit bewußt zu werden, ihr Temperament zu entwickeln, ihren ureigenen Lebensrhythmus von jeder Fessel zu befreien" (Jaques-Dalcroze 1921, S. XII). Was not tue, sei eine Erziehung, die den Zusammenhang zwischen nervösen und geistigen Kräften regle. Zwischen Denken und Handeln, so folgert er, darf künftig nichts Trennendes mehr stehen. Diese Erziehung fußt als durchwegs harmonische allein auf der Pflege der natürlichen Rhythmen. In seinen „Vorschlägen zur Verbesserung des Musikunterrichts an den Schulen" (Jaques-Dalcroze 1921, S. 6ff.; Beitrag von 1905)) präzisiert der Autor seine grob formulierten Thesen: Soll die musikalische Bildung den Geschmack der

Menschen heben, so die Argumentation, dann muß die Schule die musikalische Erziehung übernehmen. Derzeit werde der künstlerische Unterricht jedoch nachgerade stiefmütterlich behandelt, schreibt Dalcroze, eine umfassende künstlerische Erziehung in einem qualitativ hochstehenden Elementarunterricht verlangend. Musikunterricht muß die Kinder „musikalisieren" (Jaques Dalcroze 1921, S. 17), das bedeutet, er muß „ihr Temperament und ihren Hörsinn" erschließen" (Jaques-Dalcroze 1921, S. 17). Derzeit lediglich auf Wiederholen und Nachahmen ausgerichtet, setzt künstlerischer Unterricht von Beginn an die Lehre des Schönen parallel zur Lehre ihrer Ausdrucksmittel. Diese Aufgabe erfordert eine pädagogisch ausgebildete Lehrkraft, die den Willen der Kinder zwar lenkt, nicht aber erstickt, und zugleich „die Geburt ihrer Persönlichkeit" (Jaques-Dalcroze 1921, S. 27) fördert. Im Abschnitt über „Musik und das Kind" (Jaques-Dalcroze 1921, S. 58ff.; verfaßt 1911/1912) verlangt Dalcroze von der Erziehung, Musik möge der Musikalität des Kindes „fördernd entgegenkommen". Es gelte, in einer Art „musikalischer Grundschule" (Jaques-Dalcroze 1921, S. 65) auf die Musik lauschen zu lernen, Rhythmen zu erfassen, das Gehör und den Sinn für Bewegung noch vor dem Beginn des Instrumentalspiels zu schulen. Zuhören und Empfinden werden demnach vor allem Musikunterricht geübt werden. Im Beitrag über „Die Schule, die Musik und die Freude" (Jaques-Dalcroze 1921, S. 107ff.; erfaßt 1915) überantwortet Dalcroze der Schule die Aufgabe, sie habe Wille, Verstand und Empfindungskraft gleichermaßen und gleichzeitig auszubilden[25].

Dalcrozes „Methode" ist kein starres Gebilde, das auf den Unterricht anwendbar wäre[26, 27]. Sie bestand aus drei Komponenten: Bewegung, Hörerziehung und Improvisation. Erstmals 1903, dann 1905 in Solothurn anläßlich der Konferenz der Gesellschaft Schweizer Musiker stellte Dalcroze seine Arbeit einem überraschten Publikum vor. Ein Jahr später erschien Dalcrozes Buch (Jaques-Dalcroze 1906). Von da an entbrannte die Debatte über Vor- und Nachteile der Methode. Nach Dalcrozes Tod wurde die Methode weiterentwickelt und vielfältig abgewandelt[28].

Mimi Scheiblauer

Als eine besondere Ausprägung gilt heute der Ansatz Mimi Scheiblauers. Sie bezog körperlich und geistig behinderte Kinder, darunter auch Blinde in ihre Arbeit nach Dalcroze ein. 1905 hatte sie in Basel Rhythmikkurse belegt, geht dann nach Hellerau und bildet sich dort weiter aus. Ihre Rhythmik-Arbeit setzt 1922 ein, als Heinrich Hanselmann, der Leiter des Zürcher Heilpädagogischen Seminars, sie bei einer ihrer Stunden beobachtet. Ab 1924 unterrichtet sie als schwer erziehbar geltende Kinder und Jugendliche, 1926 setzt die Arbeit mit Stummen und Tauben ein. Sie wird schließlich Leiterin der Rhythmiksektion am Zürcher Konservatorium, wo sie die künftigen Lehrkräfte für Behinderte ausbildet. Allerdings war Dalcroze mit Scheiblauer nicht zufrieden. Er verbot ihr, ihren Ansatz 'Dalcroze Methode' zu nennen. Es gelang ihm nicht, ihre Leistungen als jene einer seiner Schülerinnen zu anerkennen. Weitergehende Beziehungen zwischen Genf und Zürich gab es diesbezüglich nicht: „Miss Scheiblauer continued to work with music and movement, but was not permitted to call it the Dalcroze method, which she never claimed to be“ (Spector 1990, S. 218).

Scheiblauers rhythmische Gymnastik beruhte teils auf Dalcrozes, teils auf Heinrich Hanselmanns Arbeit, einer heilpädagogischen Variante der Rhythmik. Sie, die als Achtzehnjährige Dalcroze-Kurse in Genf, dann in Basel und schließlich in Hellerau besucht hatte, bezieht sich mehrmals auf Dalcrozes Erziehung durch Rhythmus in Musik und Bewegung. Wie Dalcroze unterstellt sie, in der engen Verbindung von Bewegung und Musik den Menschen in seiner Ganzheit erfassen zu können (Scheiblauer 1991, S. 234). Als konstituierende Elemente ihrer heilpädagogisch ausgerichteten Übungen nennt die Autorin Zeit, Klang – in der Bewegung der Raum – und Dynamik, „zu welchen noch die Form kommt, die die drei erstgenannten in sich schließt“ (Scheiblauer 1991, S. 234). Sie erlauben spontanes Erleben, enthalten also einen körperlich-seelischen Wert, der, wie Hanselmann sagt, „für manche sonst auf keine Weise ansprechbare Kinder geradezu Auslöser der Entwicklung sein können“ (zit. von Scheiblauer 1991, S. 234). Scheiblauer hat sich insbesondere der Rhythmik für die Taubstummenerziehung bedient, wo es darum geht, den „Vibrationssinn“, dann das rhythmische Gefühl, die Konzentrationsfähigkeit, das Erleben der Gemeinschaft, die Pflege und die Phantasie der Behinderten auszubilden. Dalcroze hatte diese Zielvorstellungen – zwar weniger bezogen auf behinderte Kinder – ebenso vehement vertreten, wie dies Scheiblauer tut. In Zürich arbeitete sie ab 1924 als Lehrerin für rhythmische Erziehung am Heilpädagogischen Seminar. Zusammen mit Hanselmann baute sie das Landerziehungsheim Albisbrunn auf, wo Paul Moor, nachmaliger Professor für Heilpädagogik, die Beobachtungsstation leitete. In Scheiblauers Initiative entsteht am Zürcher Konservatorium das ‘Seminar für musikalisch-rhythmische Erziehung’ als selbständige Abteilung.[29, 30]

Für Jaques-Dalcroze war die Rhythmik nicht gleichzusetzen mit Tanz. Vielmehr erachtete er sie als grundlegendes pädagogisches Mittel für alle Kunst, ohne daß sie selbst ein künstlerisches Ziel zu haben brauchte. Rhythmik, so sagt er, hat gleichfalls soziale Implikationen, die sich aus dem rein ästhetischen Aspekt der Musik herleiten[31].

Die Methode: Geschichte

Einen Theorieschub erlebt die ‘Methode’, als 1926 in Genf ein internationaler Kongreß zur Rhythmik durchgeführt wird, an dem über zweihundert Personen aus zwölf Ländern teilnehmen. In seinem Referat zitiert Dalcroze Platon, dergestalt sein Lehren umschreibend: „Rhythmus ist der Ausdruck von Ordnung und Symmetrie, der in den Körper, die Seele und in das ganze Wesen eindringt und im Menschen die Harmonie seiner ganzen Persönlichkeit weckt“. (Dalcroze, zit. von Spector 1990, S. 267) Für Dalcroze entwickelt Rhythmik als ein freudvolles, angenehmes Tun die Konzentrationsfähigkeit, die Aufmerksamkeit und die Willensstärke. Ein Referent nennt anläßlich der Konferenz drei Gründe, weswegen die Rhythmik in den Genfer Schulen nicht erfolgreich eingeführt werden konnte: die Unkenntnis der Methode, Vorurteile gegenüber einer Unterrichtsform die weniger mit dem gedruckten als dem gesprochenen Wort umgeht und künstlerischen Inhalts ist sowie die unrichtige Ansicht des Publikums, Rhythmik sei in der Fachwelt bislang nicht akzeptiert. Der Redner betont, Rhythmik sei die einzige Disziplin (auch in der Schule), die körperliche nicht von geistiger Aktivität trenne, ja, auf deren Balance aus sei, die zudem des Kindes instinktives Bedürfnis nach Bewegung erfülle, und zudem Freude vermittle. Diese Fakten allein, so der Vortragende (vgl. Spector 1990, S. 268), legitimiere die Einführung in die Schule. Außerdem löse Rhythmik das Problem der Unaufmerksamkeit, Konzentrationsunfähigkeit und jenes der Disziplin. Rhythmik balanciere im übrigen der Jungen Streben nach Sport und Rekorden, indem es diesem eine intellektuelle, künstlerische und körperliche Kultur entgegensetze. Anschließend führte der Redner Beispiele auf, wie mittels der Rhythmik Rechenaufgaben lebensnäher und kindbezogener gelöst werden können. Andere Redner betonen den Wert der Rhythmik für behinderte, sogar für blinde Kinder. Im selben Jahr wird die 'Union International des Professeurs Dalcroziens – UIPD' – gegründet, die alle nationalen Zusammenschlüsse, die damals rund 23.200 Mitglieder umfaßten (vgl. Spector 1990, S. 270), koordinieren sollte.

Mittels der Rhythmik prangert Dalcroze das Abstrakte in der Musikerziehung an. Nie zuvor hatten Kinder erlebt, daß Musik auch aus Rhythmus bestehen, von Bewegung begleitet werden konnte[32]. Einmal sagte er, sein Ziel sei es gewesen, eine musikalische Erziehung zu konzipieren, worin der Körper als solcher die Rolle des Mittlers zwischen den Tönen und unserem Denken spiele und zugleich das unmittelbare Instrument unserer Gefühle werde.[33]

4.2 Kunst und Schule: Musik statt Mathematik

Im Zentrum des Schulversuchs mit erweitertem Musikunterricht, der 1993 in schweizerischen Volksschulen durchgeführt worden ist, stand eine Schule, „in der jeden Tag gesungen und musiziert wird, eine Schule, die Musik macht" (Weber et al. 1993, S. 7). Im Verlauf des Experiments erhielten die Kinder mehr Musiklektionen, aber weniger Unterricht in den Hauptfächern. Das Fazit gleicht einer – allerdings meines Wissens bislang folgenlosen – schulpädagogischen Sensation: „Es entstand ein besseres soziales Klima, und die Schülerinnen und Schüler dieser Klassen gingen lieber zur Schule. Trotz einer geringeren Lektionenzahl in den Hauptfächern gingen die schulischen Leistungen nicht zurück" (ebd., S. 7). Die Musik wurde, vom Bildungswesen initiiert, für die Heranwachsenden zu einem neuen Bestandteil ihres Lebens, obwohl dasselbe Bildungswesen die Musik zu einem Mauerblümchendasein verdammt hat. Damit sei belegt, was der gesunde Menschenverstand seit Jahrtausenden gewußt habe, was indessen empirisch bislang nie bewiesen worden sei: Musikalische Bildung trägt zur Persönlichkeitsbildung bei. Am Projekt waren insgesamt 51 Klassen aus der gesamten Schweiz beteiligt. Die Versuchsschüler erhielten wöchentlich fünf Lektionen Singen / Musik. Demgegenüber wurden die Stunden in Muttersprache, Mathematik und einem weiteren Hauptfach um dieselbe Anzahl reduziert, und das Ausmaß an Hausaufgaben durfte nicht erhöht werden. Man unterstellte, intensive Beschäftigung mit Musik (Singen, gemeinsames Musizieren und Tanzen sowie die Schulung des Notenlesens und des Musikhörens) fördere das Gedächtnis und die sprachliche und allgemeine Ausdrucksfähigkeit und steigere zugleich die Lebensfreude. Weiter erwartete man aufgrund einer dadurch erhöhten Motivation in allen Schulfächern gleichbleibende oder bessere Leistungen. Die Projektverantwortlichen zur Idee: „Das Projekt ist ein aus der Praxis kommender Ansatz zur Überwindung der Kopflastigkeit, wie sie der Schule immer wieder vorgeworfen wird“ (ebd., S. 35). Im übrigen betonten sie, die These von den außermusikalischen Wirkungen des Musikunterrichts lasse sich bis ins Altertum zurückverfolgen.

So erachtete man im alten Griechenland (vgl. Ruehfel 1984) die Musik als tragende Säule der Bildung. Obwohl mit Glauben und Religion verbunden, stand auch im Mittelalter die Musikpraxis eng mit der Idee der außermusikalischen Wirkung im Zusammenhang. Rousseau und Pestalozzi akzentuierten die Rolle der musikalischen Bildung für die Persönlichkeitsbildung. Im Deutschen Idealismus entstand die Idee der Humanisierung durch Musik. Zwar wurde Musik von Reformbewegungen als bedeutsam angesehen, aber auch zur Manipulation eingesetzt (Nationalsozialismus, DDR).

Bis zur Studie aus der Schweiz waren positive Ergebnisse im Lernbereich nur bezüglich besonderer Methoden feststellbar (Kodaly), negative Ergebnisse waren unbekannt.

In einem komplizierten Modell entwickelte man (ebd., S. 53) eine theoretische Basis, die auf dem sozialen Lernmodell Banduras fußt. Die Messungen erwiesen sich als komplex, weil man an Versuchs- und Kontrollklassen quantitativ (Fragebögen, Ratings, Tests) und qualitativ (subjektive Berichte) vorgehend Längsschnitte und eine ganze Reihe von Variablen untersuchen wollte. Diese sollten anhand zahlreicher Items erprobt werden. In Weiterbildungsseminaren mit den Versuchslehrkräften wurden einschlägige Kenntnisse, Fähigkeiten und Fertigkeiten vermittelt. Man mußte zudem verhindern, daß die Lehrpläne unterlaufen wurden. Die beteiligten Lehrkräfte besuchten acht Seminare[34]. Zu den Ergebnissen: Zusammenfassend stellen die Forscherinnen und Forscher hinsichtlich der Sachkompetenz, des Sozialbereichs und der Motivation der beteiligten Kinder fest: Trotz der Reduktion der Stundenzahl um 20 % bis 25 % traten in den Hauptfächern keine Lernverluste auf. Erweiterter Musikunterricht schadet demzufolge der kognitiven Kompetenz nicht. In bestimmten Bereichen verbesserte sich die Ausdrucksfähigkeit der Versuchsschüler gegenüber ihren Kameraden in den Kontrollklassen. Die Lehrpersonen berichteten insbesondere über positive Entwicklungen im sprachlichen Bereich. Das Sozialklima verbesserte sich in allen Klassen, war aber deutlich besser in den Versuchsklassen. Der Gruppenzusammenhalt nahm in den Versuchsklassen stärker zu als in den Kontrollklassen. Schülerinnen und Schüler der Versuchsklassen sahen die Schule insgesamt positiver als ihre Kolleginnen und Kollegen aus den Kontrollklassen. Sie hatten darüber hinaus eine positivere Einstellung zur Musik. Fazit: „In den untersuchten Bereichen konnte die These vom Bildungswert des Musikunterrichts größtenteils bestätigt werden" (ebd., S. 128). Einschränkend sei Selbstverständliches nachgetragen: Nicht alle Kinder reagieren gleich auf den erweiterten Musikunterricht, der eben Zeit benötige, um Wirkung zu entfalten. Beiläufig wird erwähnt (ebd., S. 129), die Eltern hätten dem Versuch erstaunliches Interesse und beträchtliches Wohlwollen entgegengebracht. Die Versuchs-Lehrkräfte seien darüber hinaus trotz erheblichem Zusatzengagement berufszufriedener gewesen als ihre Kolleginnen und Kollegen.

5. Zusammenfassung

Der ganze Mensch lernt (Heitkämper 1997, S. 293). Lernen ist das Verlassen liebgewordener Haltungen. Lernen macht aus Ungleichgewichten Balance. Motivation ist der Mut zur Behebung des Ungleichgewichts durch Lernprozesse. Gut gelernt wird nach zwei Prinzipien – jenem der optimalen Passung und jenem der minimalen Hilfe. Bedingung für Lernen ist die Konzentration der Aufmerksamkeit. Die Ökologie des Lernens verlangt nach Fokussierung und Spezialisierung (ebd., S. 307). Individualisierung bedeutet Schwerpunktsetzung und differenzierte Leistungsanforderung. Die Schule ermöglicht zwar Schwerpunktsetzungen, „aber nicht in der nötigen Breite der Qualifikationen der Schülerinnen und Schüler" (ebd., S. 308). Viele, oft qualitativ hochwertige Potentiale kommen gar nicht zum Zug – darunter der Kunstbereich. Kann Schule den ganzen Menschen durchschulen (ebd., S. 315)? Nein, das nicht, aber sie kann zumindest so differenzieren, daß nicht knallharte Selektion resultiert, sondern Variation (ebd., S. 323). Innere Differenzierung wird damit zu einer Interesse generierenden Methode, was die Basis für neue individuelle Schwerpunkte ermöglicht. Schwerpunktsetzungen bei einer für alle verbindlichen Basis stellen einen Weg dar, zu höherer Varianz bei konstant bleibenden Basis-Qualifikationen zu gelangen. Grundlegende Bildung, Basisausbildung wird ergänzt durch spezialisierte Bildungsteile. Kunst in der Schule stellt dann Teil des Basis-Curriculums ebenso dar wie Elemente des spezialisierten, individualisierten Lehrplans.

Die permanente Misere der ästhetischen Erziehung führt Gunter Otto (Otto 1997, S. 17) auf die traditionelle Entgegensetzung von Kunst und Wissenschaft zurück. Dagegen betont Otto die „eigene Erschliessungkraft der ästhetischen Erkenntnisform". Die 'Vielfalt der Realitätsbezüge' lade dazu ein, sich der Welt gegenüber sowohl wissenschaftlich (analysierend) als auch ästhetisch (handelnd, einfühlend, erschaffend) zu verhalten. Wer in der Schule nur auf den *einen* Zugang zur Welt setzt, bringt den anderen zum Verschwinden. Ästhetische Erziehung ist dann mehr als ein Fach – wie bereits mehrmals angesprochen: Keine Form der Erziehung, so

Otto, kann als vollwertig gelten, die das ästhetische Moment ausschließt. Ästhetische Erziehung als die Pflege des ästhetischen Verhaltens, lehrt *einen* Modus unter den vielen Zugängen zur Welt. Schon nur darum müssen wir sie im Hinblick auf effizient verlaufende Lernprozesse aufwerten.

Anmerkungen

1 Man denke an heimattümelnden Zeichenunterricht, den vaterländischen Gesangsunterricht im 19. Jahrhundert oder die Umdefinition der ästhetischen Erziehung durch die Nationalsozialisten.

2 Erwähnt sei, daß in der gegenwärtig wenig engagiert verlaufenden Debatte auch andere Balancen vorgetragen werden.

3 Vigotsky unterstellt Ausdruck ohne gesprochene Wörter und Sätze.

4 Bislang ist die Geschichte des Fachs Kunst, bezogen auf das Gymnasium, sozialgeschichtlich erst unvollständig aufgearbeitet worden (Herwald, Rech 1983, S. 216). Man weiss allerdings, daß der ursprüngliche Auftrag des Zeichnens im ersten Drittel des Jahrhunderts verändert worden ist.

5 Ich gehe hier ebensowenig auf die griechische, römische und mittelalterliche Musikerziehung ein wie auf den Musikunterricht der folgenden Jahrhunderte.

6 1903 hatte Kretschmar den Begriff in die Diskussion eingeführt.

7 In ähnlicher Art wurde der schulerneuernde, ebenfalls keineswegs klar definierte Begriff der Selbsttätigkeit in die NS-Ideologie übertragen.

8 Lediglich zwischen 1939 und 1945 wird das Fach in Deutschland geschlechtsspezifisch erteilt.

9 Wenngleich es „im strengen Sinne, so Kerbs, eine faschistische Kunsterziehung nicht gegeben habe“ (Kerbs, zit. von Herwald, Rech 1983, S. 227), so habe die Zeit nach 1933 eine Zuspitzung der bürgerlichen Kunsterziehung vor 1933 gebracht. Beinahe bruchlos habe sich die Kunstpädagogik der Weimarer Republik in die nationalsozialistische Zeit fortgesetzt.

10 Es geht im folgenden also weniger um Dalcroze als Komponisten, obschon dieser in jener Sparte Erfolge verzeichnen konnte (Martin 1965, S. 159ff.); ebensowenig um Jaques-Dalcroze, den Liederverfasser (Martin 1965, S. 289), sondern ausschließlich um die Konzeption seiner „Rhythmik“, die in ihrer erziehungshistorischen Bedeutung bislang kaum gewürdigt worden ist. Nicht in die Betrachtung einbezogen werden dagegen musikpropagandistische Texte (so etwa Jaques-Dalcroze 1890), die sich mit der Forderung nach einem „schweizerischen Konservatorium“ und einer Besserstellung der Musiklehrer auseinandersetzen.

11 Spector teilt den Lebenslauf Dalcrozes in zeitliche Abschnitte ein (zur Biographie weiter: Martin 1965, S. 12ff.): Jugend (1865–1892)
Komponist (1892–1908) Experimentator mit der Rhythmik (1893–1906),
Training des Gehörs (1892–1906), Bewegung (1906–1917)
Hellerau (1908–1914)
Rhythmik in den USA (1913–1920)
Paris (1924–1926)
Zuhause (1926–1932)
Auflösung (1933–1950).

12 Damals die beiden oberen Klassen des Collège.

13 Daraus leitet sich ein Teil seiner immer wieder geäußerten Schulkritik – vergleichbar jener Claparèdes – her, wie er in einem seiner späten Werke schreibt: „La plupart des maîtres nous imposaient des devoirs dont ils ne nous expliquaient pas le pourquoi et ils ne faisaient – sauf de rares exceptions – aucun effort pour nous connaître, pour nous intéresser et nous aider. Ils ne s'intéressaient qu'à meubler notre mémoire“ (Jaques-Dalcroze 1948). Oftmals hätte er in der Schule gelitten – „... du fait que les maîtres ne cherchaient pas à connaître l'état spirituel, nerveux ou

émotif de leurs élèves." Das Gymnasium insbesondere vergleicht er mit einem langen Tunnel, die im Collège ansässige 'Société des Belles-Lettres', eine Schülerverbindung, der er bis ins hohe Alter treu bleibt, als den einzigen Lichtblick darin.

14 Zu den Skizzen der ersten Übungen: Spector 1990, S. 58 ff.

15 Wie bei Claparède steht auch für Dalcroze der umfassend, der harmonisch erzogene Mensch im Zentrum der Erziehung. Indessen spielt in diesem Prozess die Musik eine noch wesentlichere Rolle, als die Genfer Exponenten der „éducation nouvelle" ihr zusprachen.

16 In Solothurn, anläßlich des Kongresses der „Vereinigung Schweizer Musiker", hatte Dalcroze zur Musikerziehung in der Schule gefragt, ob Musikerziehung im schulischen Lehrplan behalten werden sollte, wenn ja, ob die entsprechende Unterrichtsmethode die richtige sei, und wenn nein, wodurch sie ersetzt werden könnte.

17 Dalcroze wandte sich damals gegen die Kritiker, die ihm vorwarfen, er bilde schlechte Tänzer aus: Es sei nicht dies seine Absicht, meinte er, sondern die Entwicklung des musikalischen Könnens „through rhythmic response" (Spector 1990, S. 131). Rhythmik ist für ihn auf alle menschlichen Aktivitäten anwendbar.

18 In den Jahren bis 1916 publiziert Dalcroze einige Schriften zur Ausbildung der Lehrkräfte.

19 1909 sucht Wolf Dohrn, Generalsekretär des 1906 von Friedrich Naumann und Theodor Heuss gegründeten „Werkbundes", Dalcroze auf, um ihn zu einer örtlichen Veränderung seiner Aktivität zu bewegen. Zusammen mit seinem Bruder organisierte Dohrn den Aufbau einer Gartenstadt, einer Kolonie nördlich Dresdens, der „Hellerau", die nebst einem industriellen Komplex (Möbelfabrik), Schulen, darunter eine Kunstschule, ein Theater, Kleingewerbe und Wohnhäuser für zweihundert Familien enthalten solle. Die Dohrns offerieren Dalcroze, ein Trainingszentrum für künftig Lehrende seiner Methode zu errichten. Die finanziellen Bedingungen sind gut, die versprochene künstlerische Freiheit ist maximal: Dalcroze entschließt sich darum, eher der Rhythmik als der Komposition zu leben und schickt den Entwurf für einen Theaterkomplex nach Dresden. 1910 zieht Dalcroze mit seiner Frau Nina (1877–1946) und seinem Sohn Gabriel und etwa fünfzehn Studierenden nach Dresden um. 1911 wird der Grundstein für die „Bildungsanstalt Jaques-Dalcroze", die „Rhythmische Bildungsanstalt Hellerau", gelegt. Ende des Jahres umfassen die Rhythmik-Kurse in Hellerau rund fünfhundert Teilnehmende und acht Lehrende. Bereits im Jahresbericht nach dem ersten Jahr (1911) wird die Schweizerin Mimi Scheiblauer (1891–1968) erwähnt, die später die Dalcroze-Rhythmik auf die Bedürfnisse der behinderten Kinder beziehen sollte. (Vgl. zu diesem Aspekt die Liste in Martin 1965, S. 386 ff.) 1912 kann man in das „Institut" (Bild: Spector 1990, S. 159) umziehen. Hellerau zieht Besucher an: Van de Velde, Diaghilev, Reinhardt, Stanislawsky, Claudel, Ernest Ansermet, George Bernhard Shaw, die allesamt die Qualität der Vorstellungen bewundern (Spector 1990, S. 164 ff.). Delegationen kommen von Hellerau selber, dann aus Preußen, England, Neu Südwales, Ungarn und Rußland. Ein anderer Besucher, Upton Sinclair, beginnt seinen Roman „World's End" (Sinclair 1940, S. 1) mit einer Schilderung Helleraus, wohin sein Held Lanny Budd in die Rhythmikschule gegeben wird. 1913 schreibt ein begeisterter Journalist in einer Bostoner Zeitung: „The new school at Hellerau follows German educational ideals of a beautiful body. It applies modern architecture, with a host of hygienic improvements, newest systems of psychology, pedagogy, art and gymnastics" (Heber 1913, S. 4). Für einen anderen Chronisten (Bachmann 1912, S. 131 ff.) ist Dalcrozes Arbeit ein 'Gesamtkunstwerk'. Andere sahen im Einbezug pädagogischer und ästhetischer Fragen die Hauptbedeutung des Unternehmens.

20 1913 gibt die Schule Orfeo ed Euridice, mit dem Orchester der Dresdner Oper, Emmi Leiser von der Berliner Staatsoper und Dalcroze als Dirigent. Dies ist der epochemachende Höhepunkt Dalcrozes Tätigkeit in Hellerau – und er hat ein großes Publikums- und Medienecho. Zu den Feiern und Konzerten in Hellerau (vgl. Seidl 1912).

21 Von der Genfer Regierung aufgefordert, die Musik zu „La Fête de Juin", zum Datum des hundertjährigen Beitritts Genfs zur Schweizerischen Eidgenossenschaft, zu schreiben, kehrt Dalcroze 1913, das „Institut Jean-Jaques Rousseau" ist kurz zuvor gegründet worden, nach Genf

zurück, führt die Veranstaltung durch und fällt gleich darauf in Ungnade, als er zusammen mit anderen Schweizer Persönlichkeiten ein Manifest gegen den soeben ausgebrochenen Krieg und die Bombardierung der Kathedrale von Reims unterschreibt. Die Frankfurter Zeitung vom 29. Oktober 1914 sah es so: „Dalcroze ist für Deutschland erledigt." Hellerau wurde in der Folge in ein Quarantäne-Spital umgewandelt, Dalcroze versucht, in England Fuß zu fassen, da das „Bayreuth des Rhythmus", wie Hellerau genannt wurde, für ihn als erklärten Kriegsgegner verloren war.

22 Nachzutragen ist, daß zur selben Zeit als Dalcroze in Hellerau wirkte, innerhalb der Kunst eine neue Bewegung entstand: der moderne Tanz, seit 1904 verbunden mit dem Namen Isadora Duncan, der Amerikanerin, mit der Dalcroze vermutlich keinen Kontakt hatte (Spector 1990, S. 206). Darin taten sich etliche Dalcroze-Schüler indessen hervor. Ab 1910 steht eine andere Person in der Peripherie des Dalcrozes-Kreises: Rudolph Laban (1887–1958), Tänzer, Maler, Designer, der Hellerau mehrmals besuchte. Mehr in das Thema der Bewegung zu poetischen denn zu musikalischen Rhythmen verliebt, scheint sich Laban von Dalcroze entfernt zu haben. Mehrere Jahre führte Laban Sommerkurse in Ascona durch – gründend auf der natürlichen organischen Bewegung des Körpers und den Prinzipien von Spannung und Entspannung (Foster 1977). Mary Wigman kam nach Hellerau, nachdem sie 1911 eine Dalcroze-Demonstration in Amsterdam gesehen hatte. 1913, nachdem sie in Hellerau Kurse genommen und erteilt hatte, reist sie zu Laban nach Ascona (Wigmann 1973, S. 34). Wigman, expressionistische Tänzerin, tanzte nicht nach der Musik, sondern benützte diese, um den Tanz damit zu unterstützen.
Ebenfalls als „Ableger" Dalcrozes ist Rudolf Bode (1881–1970) aus München anzusehen, der die „Ausdrucksgymnastik" als neuen Zweig der körperlichen Erziehung von Kindern einführte. Dasselbe gilt für Rudolf Steiner (1861–1925), der mit der „Eurythmie" eine auf Sprache und Ton beruhende Bewegungsart konzipierte. 1912 wird in Dornach ein Kurs in Bewegung von Marie von Silvers (Steiners Frau) und Clara Smits gegeben. Als Steiners Ideen ausreiften, wurden ihre Basis auf das Theaterspiel angewandt und 1915 bezog man erstmals die Musik ein. Ab 1921 wird Eurythmie als therapeutisches Mittel verwendet. In öffentlichen Vorstellungen versucht Steiner ab 1919, seine Methode publik zu machen. In einem Vortrag in Nürnberg (1915) erwähnt Steiner Dalcroze als einen jener, die sich mit der Idee der Bewegung ebenfalls beschäftigt hätten. Dies sollte das einzige Mal bleiben, wo Steiner Dalcroze nannte. Wie die Schule in Hellerau war aber auch die Waldorf-Astoria-Schule in Stuttgart 1919 eine Einrichtung für die Arbeiter. Die Kinder besuchten die Eurythmie-Stunden, die Melodie, Rhythmus, Form, Stimmung und Konzentration einbezogen.
Andere Dalcroze-Schülerinnen und -Schüler arbeiten weitere Konzepte aus: Eutonie (Spector 1990, S. 215) und Arbeit mit behinderten Kindern (Scheiblauer).

23 1914, als Dalcroze aus Hellerau zurückgekommen ist, engagieren sich Claparède, Auguste de Morsier, sein Schwager, der Autor Jaques Chenevière und der Arzt Louis Gillerman für ihn, indem sie ihn überzeugen, in Genf zu bleiben und zugleich Mittel für den Kauf eines Gebäudes auftreiben. Am 3. Oktober 1915 wird das „Institut Jaques-Dalcroze" mit dreihundert Studierenden und zwölf Lehrkräften eröffnet. Dalcroze schien neu geboren. Ein Freund beschreibt ihn (Brief Jaques Copeaus vom 19. Oktober 1915, zit. in Spector 1990, S. 222).

24 Dalcroze führt seine Neugier am rhythmischem Ausdruck auf seinen Algier-Aufenthalt zurück, als er Gelegenheit hatte, dort die arabischen Musiker und ihre Perkussionsinstrumente zu studieren (Martin 1965, S. 48). Zu seinem Weg sagt er weiter: „Tout au début (seiner Tätigkeit am Genfer Konservatorium) de mon enseignement (...), je faisais déchiffrer des mélodies, à l'Examen de solfège, en battant la mesure (...). Ce fut le commencement de la rythmique enfantine" (Jaques-Dalcroze, zit. von Martin 1965, S. 51). In der Folge dieser „Marsch- und Halteübungen" (Jaques-Dalcroze 1921, S. XI), die beim Hören musikalischer Rhythmen körperliche Reaktionen provozierten, fügte sich ein Konzept zusammen, das nicht mehr allein die intellektuellen Fähigkeiten der Kinder berücksichtigte, da diese laut Dalcroze wenig über die Musikalität aussagen, sondern es gilt Studien / Übungen voranzutreiben, „déstinées à corriger les défauts constitutionnels et à développer les qualités naturelles des futurs musiciens. Il s'agit en outre de développer le sens du rythme et de la mesure au moyen d'exercices corporels

animés par les vibrations du système nerveux et disciplinés par les facultés d'ordre et de style" (Dalcroze, zit. in Martin 1965, S. 51).

25 Es gelte, die Kinder, so wiederholt Dalcroze, für den Einfluß der Musik „empfänglich zu machen", weniger gehe es darum, Musik mechanisch zu reproduzieren, mit „Übungen das Gedächtnis vollzupfropfen" oder „vaterländische Lieder" zu lernen. Rhythmusgefühl sei keineswegs gleichzusetzen mit Taktkenntnis, sondern stehe als Bewegung vor dem Taktieren. Musikerziehung soll laut Dalcroze die Persönlichkeit entwickeln, indem sie deren Empfindungsfunktionen vervollkommnet.

26 Eine Einschätzung: „... elle n'a rien d'un tout définitivement fixé et réglé, par essence, elle ne peut ni ne doit jamais se figer dans quelque dogme immuable" (Martin 1965, S. 7).

27 Aus der Idee, die Musikstudenten des Genfer Konservatoriums sollten für Gefühle empfänglicher werden und zugleich fähig, diese zu äußern, entstand die „gymnastique-rythmique", die „Methode", die Dalcroze „Rhythmik" nannte und teilweise privat entwickelte.

28 Im übrigen sei erwähnt: Als der erste Kunsterziehertag in Hamburg 1905 zu Ende geht, stellt Dalcroze am Kongreß für Musikerziehung in Solothurn seine Praxis der musikalisch-rhythmischen Erziehung vor, die Vergleichbares beabsichtigte wie die musikalischen Kunsterzieher in Deutschland: die enge Verbindung von Musik und Gymnastik. Zweifelsohne intendiert Dalcroze eine reformpädagogisch begründete Reform der Musikerziehung. Nicht von ungefähr wird sein Ansatz „die neue Methode" genannt und Dalcroze selber als „Pestalozzi der Musik" gefeiert (Martin 1965, S. 80). 1906 präsentiert Paul Boepple, der Basler Dalcroze-Schüler, die „neue Methode" dem Kongreß des Schweizerischen Lehrervereins in Glaris. 1909 gründet Dalcroze das pädagogisch engagierte Organ „Le Rythme. Organe de la Société de gymnastique rythmique – méthode Jaques-Dalcroze".

29 Aus Anlaß der hundertsten Wiederkehr ihres Geburtstags zeichnet ein anderer Autor (Klein 1991) Scheiblauers Biographie nach, um dann auf die Anwendung der Scheiblauer-Rhythmik für Kinder mit schwerer geistiger Behinderung als elementare Musik- und Bewegungserziehung zu kommen (Klein 1991, S. 141). Scheiblauers Methode des „aufmerksamen Wahrnehmens" beruht sowohl auf eigener Erfahrung als auch auf den Gedanken Dalcrozes und Maria Montessoris (vgl. zu Scheiblauer: Brunner-Danuser 1984).

30 Über die pädagogische Relevanz der Dalcroze-Methode sagte der damalige Direktor des Konservatoriums in Cleveland in reformpädagogischer Diktion (zit. in Spector 1990, S. 226): „La rythmique of Jaques-Dalcroze is the best means I know to obtain the coordination of the spirit and the body, to give the brain a perfect power of control and to obtain mental and physical equilibrum" – eine pädagogische Sicht, die seitens Dalcroze mehrmals geäußert worden ist. Allmählich wird „Le Rythme" zum pädagogischen Sprachrohr Dalcrozes. Die dort publizierten Beiträge sind gesammelt und 1921 in Englisch publiziert worden (Dalcroze 1921). Dieser Band enthält das in Solothurn 1905 gehaltene Referat. Später erfolgt eine andere Sammlung von Essays, die Texte zwischen 1922 und 1929 enthält (Dalcroze 1930). Daß sich Dalcroze als Teil der Genfer Schule verstand, geht aus einem Brief an Claparède hervor, wo Dalcroze seinen Entschluß mitteilt, Genf zu verlassen. Er bittet Claparède darin, daß dieser seine Versuche mit jenen Claparèdes und Bovets in Übereinstimmung bringe. Dalcroze, die Nähe seiner zu jenen Prinzipien Claparèdes feststellend, verspricht, auf Claparèdes Ansätze in seinem eigenen Unterricht zu achten (vgl. Spector 1990, S. 249). Dalcroze hatte sich früher bereits sehr für das von seiner Cousine Mina Audemars mitgeleitete „Maison des Petits", den reformpädagogischen Kindergarten des „Institut Jean-Jaques Rousseau" interessiert. Er gibt seinen Sohn in diesen Kindergarten.

31 Die Kritiken sind hart, unter ihnen sagte Serge Lifar (Spector 1990, S. 252): „A mediocre composer, but a very great teacher, Jaques-Dalcroze invented eurythmics, a mechanical translation of musical rhythm by means of the human body."

32 In seiner schul- und erziehungskritischen Haltung ist Jaques-Dalcroze eigentlicher Reformpädagoge. Indessen ist seine Beschäftigung mit den „idées nouvelles" eine langandauernde, die erst allmählich zu Ergebnissen führt (Martin 1965, S. 305).

33 Dass Dalcrozes Unternehmen in den reformpädagogischen Kontext Genfs zur Zeit der Jahrhundertwende gestellt werden muss, belegt das Interesse Flournoys und dessen Vetters Claparède, letzterer von der „Société de gymnastique rythmique“ 1907 zum Ehrenmitglied ernannt. Adolphe Appia zufolge haben Diskussionen Dalcrozes mit Claparède jenem die terminologischen Feinheiten im Gebrauch von pädagogischen und psychologischen Begriffen geliefert: Ja, Dalcroze führt die Geburt seiner Methode geradezu auf diesen Ursprung zurück: „De là date la méthode consciente et raisonnée d'enseignement et d'observation“ (Dalcroze, zit. in Martin 1965, S. 80).

34 Themen: Orff-Instrumentarium, Rhythmik, Schultänze, Schlaginstrumente, Singen / Solfège, Atem / Stimme, Chorsingen, Musikcomputer, Musik / Theater, Vocal Jazz, Kreativtanz, Hörübungen, melodische Schulung.

Literatur

Bachmann, F.: Jaques-Dalcroze uns seine Bestrebung, in: Die Musik, Nr. 11., 1. Mai 1912, S. 131 ff.

Bachmann, M.-L.: La Rythmique Jaques-Dalcroze, Neuchâtel 1984

Becknell, A. F.: A History of the Development of Dalcroze Eurythmics in the United States, Dissertation, University of Michigan 1970/1971

Brockhoff, M. E.; Pfützenreuter, M.: Musikunterricht zwischen Erziehung, Gesinnung und Leistungsorientierung, in: Mannzmann, A. (Hrsg.), Geschichte der Unterrichtsfächer I. München 1983, S. 179–214

Bruner, J.: Towards a Theory of Instruction, Harvard University Press. Cambridge 1966

Brunet-Lecomte, H.: Jaques-Dalcroze. Sa vie, son oeuvre, Genève 1950

Brunner-Danuser, F.: Mimi Scheiblauer – Musik und Bewegung. Zürich 1984

Duncan, I.: Ma vie, trad. Paris 1928

Egan, K.: The Arts as the Basics of Education, in: Childhood Education, Vol. 73, No. 6, 1997a, S. 341–345

Egan, K.: The Educated Mind: How Cognitive Tools Shape Our Understanding, University of Chicago Press. Chicago 1997 b

FEA-Kongreßbericht, Kongreßbericht der Internationalen Vereinigung für Kunsterziehung (X, in Basel). Ravensburg 1958

Foster, J.: The Influences of Rudolph Laban. London 1977

Gardner, H.: Frames of Mind. The Theory of Multiple Intelligence, Paladin. London 1983

Gardner, H.: The Unschooled Mind. How Children Think and how Schools Should Teach, Basic Books. New York 1991

Grunder, H. U.: Von der Kritik zu den Konzepten. Aspekte einer 'Geschichte der Pädagogik in der französischsprachigen Schweiz' im 20. Jahrhundert. Frankfurt a. M. 1986

Hagmann, J. G.: Zur Frage der Lehrerbildung. St. Gallen 1905 (unveränderte Fassung der 1. Auflage, St. Gallen 1887)

Hanimann, J.: Ein Beitrag zur Lösung der Frage über Lehrerbildung. Weinfelden 1871

Hartlaub, G. F.: Der Genius im Kinde. Breslau 1922

Heber, D.: Teaching Music through Dance, in: Boston Evening Transcript, 15. Mai 1913, S. 4

Heitkämper, P.: Die bioenergetische Schule. Der Weg zum innovativen Lernen und Lehren. Paderborn 1996

Herwald, H.; Rech, P.: Ansätze zu einer Sozialgeschichte des Faches Kunst, besonders im Hinblick auf die stiefmütterliche Behandlung im gymnasialen Bereich, in: Mannzmann, A. (Hrsg.), Geschichte der Unterrichtsfächer I. München 1983, S. 215–240

Heymann, K. (Hrsg.): Kind und Kunst. Basel 1951

Jaques-Dalcoze, E.: Rhythm, Music and Education, trans. von F. Rubinstein, London 1921, dt.: Rhythmus, Musik und Erziehung. Basel 1921

Jaques-Dalcroze, E.: De l'enseignement musical en Suisse. Genève 1890

Jaques-Dalcroze, E.: Eurythmics, Art and Education, trnsl. F. Rothwell, ed. Cynthia Cox. London 1930

Jaques-Dalcroze, E.: La réforme de l'enseignement music à l'école. Lausanne 1905

Jaques-Dalcroze, E.: Méthode Jaques-Dalcroze pour le développement de l'instinct rythmique, du sens auditif et du sentiment tonal, en 5 parties. Neuchâtel, Paris 1906

Jaques-Dalcroze, E.: Notes bariolées. Paris 1948

Jöde, F. (Hrsg.): Pädagogik Deines Wesens. Gedanken der Erneuerung aus dem Wendekreis. Hamburg 1920

Kerbs, D. (Hrsg.): Historische Kunstpädagogik. Quellenlage, Forschungsstand, Dokumentation. Köln 1976

Kerbs, D.: Thesen zur ästhetischen Erziehung in historisch-politischer Perspektive, in Schwencke, O. (Hrsg.), Ästhetische Erziehung und Kommunikation. Frankfurt 1972

Klein, F.: Scheiblauer-Rhytmik unter heilpädagogischem Aspekt – insbesondere für das Kind mit schwerer geistiger Behinderung, in: Vierteljahresschrift für Heilpädagogik und ihre Nachbargebiete, s/1991, S. 137ff.

Kleinert, H.: Lexikon der Pädagogik. Bern 1952

Kongreß der Internationalen Vereinigung für Kunsterziehung. Basel 1958, zit. als Kongreßbericht 1958

Lichtwark, A.: Erziehung des Auges. Ausgewählte Schriften, hrsg. Von Eckhard Schaar. Frankfurt am Main 1991

Mannzmann, A. (Hrsg.): Geschichte der Unterrichtsfächer, zwei Bände. München 1983

Martin, F.: Emile Jaques-Dalcroze. Neuchâtel 1965

Neill, A. S.: Neill, Neill, Birnenstiel. Hamburg 1973

Otto, G.: Warum ästhetische Erziehung? In: Deutsche Lehrerzeitung, 27-28/1997, S. 17

Ruehfel, H.: Das Kind in der griechischen Kunst. Von der minoisch-mykenischen Zeit bis zum Hellenismus. Mainz 1984

Scheiblauer, M.: Filme zu ihrer Arbeit mit behinderten Kindern: Pestalozzianum, Beckenhofstrasse 31–37, 8006 Zürich

Scheiblauer, M.: Grundsätzliches zur Rhythmik bei behinderten Kindern, in: Lobpreisung der Musik. Blätter für Musikerziehung und für allgemeine Erziehung, 3/1963, nachgedruckt in: Vierteljahresschrift für Heilpädagogik und ihre Nachbargebiete, 3/1991, S. 233ff.; zit. als Scheiblauer 1901

Schreiber, A. (Hrsg.): Das Reich des Kindes. Berlin 1930

Schuster, H. M.: The Aesthetic Contributions of Dalcroze Eurythmics to American Education, nicht publizierte Diss., Duquesne University 1938

Schwencke, O. (Hrsg.): Ästhetische Erziehung und Kommunikation. Frankfurt 1972

Seidel, A.: Die Hellerauer Schulfeste und die Bildungsanstalt Jaques-Dalcroze. Regensburg 1912

Spector, I.: The Work of Emile Dalcroze, Stuyvesant (NY) 1990

Vigotsky, L. S.: Thought and Language. MIT, Cambridge 1962

Weber, E.: Kunsterziehung und Erziehungskunst. Leipzig, Berlin 1914

Weber, W. E.; Spychiger, M.; Patry, J.-L.: Musik macht Schule. Biographie und Ergebnisse eines Schulversuchs mit erweitertem Musikunterricht. Essen 1993

Wigman, M.: The Mary Wigman Book, (trnsl.) von Walter Sorrell. Middletown 1973

GABRIELE STEFFEN

8. Kinder – Kultur – Stadt

1. Die Werkstatt Meninos de Arte / Kinder der Kunst / Juan Jose Balzi, Sao Paulo, Brasilien
2. Kinder – Kultur – Stadt: eine Provokation
3. Kinder-Kulturen – Kinder-Räume / Wohnräume / Spielräume / betreute Räume / Konsum-Räume / Verkehrsräume / virtuelle Räume
4. „Kinder brauchen Stadt“: Was haben Kinder auf der Straße verloren?
5. Ein konkretes Projekt des Stadtumbaus: die Tübinger Südstadt
6. Gedanken an die Zukunft: Was heute noch unvorstellbar ist

Tübinger Erklärung „Kinder brauchen Stadt“[1]

1. Mit der überwiegend am wirtschaftlichen Erfolg ausgerichteten Modernisierung der vergangenen Jahrzehnte haben Kinder und Jugendliche den wichtigen Erfahrungsraum ‘Strasse’ verloren. Kinder von der Strasse zu holen, ist nach wie vor für viele ein erklärtes Ziel. Das städtische Viertel mit dem öffentlichen Raum der Strasse und der angrenzenden Vielfalt des Wirtschaftens und Wohnens bietet aber ein Modell des Zusammenlebens, das sich dort, wo es bis heute überlebt hat, als äusserst vital und anpassungsfähig erweist.

2. Raum in der Stadt ist erst dann öffentlicher Raum, wenn er Kinder und Jugendliche, deren erwerbstätige oder nichterwerbstätige Eltern, alte Menschen, Kranke und Behinderte, Menschen verschiedener kultureller Herkunft und Menschen von verschiedenem sozialem Status zumindest zeitweise zusammenzuführen vermag. Kinder und Jugendliche brauchen neben Schule und Familie den leichten Zugang zur Wirklichkeit eines lebendigen Stadtquartiers, in dem sie Formen des Zusammenlebens unter Menschen, die sich nicht gegenseitig verpflichtet sind, erfahren und auch selbst erproben: z. B. Verantwortung, Einfühlungsvermögen, Zuwendung, das Leben mit Konflikten.

3. Die moderne Wohnsiedlung, die heute den Alltag der meisten Kinder und Jugendlichen prägt, kommt deren Bedürfnissen fast gar nicht nach: Spielstrassen, Kinderhäuser, Schulen und Jugendtreffs sind ohne Anschluss an die Welt des Arbeitens und Wirtschaftens nicht in der Lage, die Neugier, die Lust der Selbstdarstellung und die Freude am eigenen Tätigsein zu befriedigen. Weder die gängigen Konzepte des Städtebaus noch die Verfahren der ressortspezifischen Fachplanungen

berücksichtigen ernsthaft die Bedürfnisse der nachwachsenden Generation. Dies stellt nicht nur eine Rücksichtslosigkeit gegenüber den Kindern und Jugendlichen dar, es führt wahrscheinlich die Zivilgesellschaft in eine verhängnisvolle Sackgasse.

4. Kinder in den öffentlichen Aussen- und Innenräumen einer Stadt brauchen die Möglichkeit, immer wieder in Kontakt mit ihren Familienangehörigen zu treten, aber ebenso die Möglichkeit, sehr schnell in ihre – und das heisst von ihnen auch gestaltbare – öffentliche Welt zurückzukehren. In diesen Sinne sind grosse Strassen mit Durchgangsverkehr kein öffentlicher Raum für Kinder. Spielplätze und Spielstrassen dürfen keine zoologischen Gärten für kleine menschliche Lebewesen abseits der Öffentlichkeit sein. Notwendig ist eine Verbindung zwischen Wohnen, autofreien Plätzen, kleinen wirtschaftlichen Betrieben und Strassen mit nichtbedrohlichem Verkehr.

5. Jugendliche brauchen 'annehmbare' Treffpunkte: Plätze, Brunnen, Treppen, Plastiken, Ecken und Nischen. Sie brauchen ferner mitgestaltbare Konsum- und Kulturangebote, z. B. Eisdielen, Cafes, Läden, Reparaturwerkstätten. Sie sollten auch unverbindlichen orientierenden Zugang zu Arbeitsstätten und beruflichen Ausbildungsstätten haben.

6. Jede Entscheidung in der Stadt, ob politisch, wirtschaftlich oder stadtplanerisch, hat Auswirkungen auf das Wohlbefinden von Kindern und Jugendlichen; dies erfordert intensivstes Nachdenken und öffentliche Auseinandersetzung. Deshalb müssen sich auch Städtebau, Jugendhilfe und Pädagogik schleunigst von dem Ideal perfekter, aber segmentierender Lösungen freimachen.

7. In einer Welt, die sich durch neue Telemedien geradezu explosiv erweitert, ist die Gesellschaft auf den Stadtteil als Fixpunkt des Austauschs und der unmittelbaren Auseinandersetzung mehr denn je angewiesen. Politik für Kinder und Jugendliche muss daher die Stadt und den öffentlichen Raum neu entdecken. Dies muss als gemeinsames Projekt von Politik, Planung, Verwaltung und Bürgern begriffen werden; davon profitieren letztlich alle Stadtbürgerinnen und Stadtbürger.

Die heutigen Erfahrungen von Kindern und Jugendlichen werden über die Zukunft der Stadt entscheiden.

Literatur

Feldtkeller, A.: Die zweckentfremdete Stadt. Wider die Zerstörung des öffentlichen Raums. Frankfurt, New York 1994

Feldtkeller, A.: Tübingen, Neue Wege der Planung und der Bürgeraktivität beim Städtebau. In: Aus Politik und Zeitgeschichte. Beilage zur Wochenzeitung Das Parlament, B 17/97 (18.4.1997), S. 38–46

Hiller, G. G. (Hrsg.): Jugendtauglich. Konzept für eine Sekundarschule. Langenau-Ulm: Armin Vaas Verlag 1994. Darin u. a. Steffen, G., Gute Schulen in schlechten Zeiten. Das Sekundarschulkonzept: Ein ermutigendes Beispiel für den Umbau der Stadtpolitik (S. 11–15)

Stadt mit Eigenschaften. Tübingen – Städtebaulicher Entwicklungsbereich „Stuttgarter Straße – Französisches Viertel“. Tübingen: Stadtsanierungsamt 1997

Städtebaulicher Entwicklungsbereich „Stuttgarter Straße / Französisches Viertel“. Städtebaulicher Rahmenplan. Stadt Tübingen 1994

Steffen, G.: Virtuelle und vitale Stadt. Urbanität in der digitalen Gesellschaft, in: der städtetag 5/1996, S. 324–331

Steffen, G.: Kindheits-Räume – Sonder-Räume- Stadt-Räume, in: Bundesgrundschulkonferenz 1995 in Berlin: Zukunft für Kinder – Grundschule 2000. Bonn, Frankfurt am Main: Arbeitskreis Grundschule / Gewerkschaft Erziehung und Wissenschaft / Verband Bildung und Erziehung 1996, S. 93–105

Steffen, G.: Urbanität und nachhaltige Stadtentwicklung – Stadtumbau am Beispiel der Tübinger Südstadt, in: Landeszentrale für politische Bildung Baden-Württemberg (Hrsg.), Stadt mit Zukunft: energiebewußt und urban (6. Forum Haus auf der Alb Bad Urach), Bad Urach, Stuttgart 1997, S. 93–103

Tübinger Erklärung „Kinder brauchen Stadt“. International Making Cities Livable Conferences, Wohnbund e.V., Stadt Tübingen; veröffentlicht u. a. in: der städtetag 9/1995, S. 656f.

Ward, C.: Das Kind in der Stadt. Frankfurt am Main 1978

Anmerkungen

1 Christian Achnitz, Umweltpsychologe, Tübingen
Johannes Beck, Prof. Dr., Universität Bremen, FB Pädagogik
Alfred Brennert, Sozialamt, Stadt Tübingen
Christa Burghardt, Deutscher Kinderschutzbund, Hagen
Suzanne Crowhurst Lennard, Prof. Dr.,
Henry L. Lennard, Prof. Dr., Making Cities Livable Conferences Carmel, California
Reinmar du Bois, Prof. Dr., Universität Tübingen, Abt. Kinder- und Jugendpsychatrie
Andreas Feldtkeller, Stadtsanierungsamt, Stadt Tübingen
Anne Frommann, Dr., Erziehungswissenschaftlerin, Tübingen
Peter Kürner, Deutscher Kinderschutzbund, Wuppertal
Aldo Legnaro, Dr., Sozialwissenschaftler, Köln
Peter Novak, Prof. Dr. Dr.,Universität Ulm, FB Medizinsoziologie
Jochen Schulz zur Wiesch, Prof. Dr., Fachhochschule für Verwaltung und Recht, Berlin
Uta Schwarz-Österreicher, Sozialamt, Stadt Tübingen
Gabriele Steffen, Erste Bürgermeisterin, Stadt Tübingen
Gerda Zill, Wohnbund Frankfurt.

V
Produktion

DIETER SALZGEBER

9. „Das Rhinozeros“ – oder: Wie Bücher für Kinder geschrieben werden

In meinen beiden Funktionen als Lehrbeauftragter am Seminar für schulpraktische Ausbildung (Realschule; Didaktik des Faches Bildende Kunst und Pädagogik) in Schwäbisch Gmünd und Lehrer für das Fach Bildende Kunst an einer Realschule bewege ich mich gegenwärtig tastend auf einem mir noch neuen Terrain: Ich schreibe zur Zeit an einem Kunstbuch für Kinder, bei Rowohlt in der rororo-Reihe „Mein Bild“ erscheinen wird. Worum geht es in diesem Projekt?

Wir können es nicht leugnen: Jugendlichen und Kindern Kunst zu vermitteln ist ein schwieriges Geschäft. Wieso eigentlich? Als Erklärung eine Binsenweisheit: Kunstwerke sind weitgehend für Erwachsene gemacht. In Konkurrenz zu Bildern, die speziell für Kinder hergestellt werden – z. B. Postern etc. – hat Kunst in der Regel die schlechteren Chancen.

Umgekehrt gilt aber auch: Vom Kindergarten an kann Begegnung mit Kunst für Kinder eine Lebensbereicherung darstellen. Es gibt keinen Zeitpunkt, bis zu dem man ein Kind von Kunst fernhalten müsste, oder von dem an es reif für Kunst wäre. Eine einfache Frage also und viele komplexe Antworten.

Warum wollen wir überhaupt, dass sich Kinder mit Kunst beschäftigen?

Kinder und Jugendliche können Bilder als Zeugnisse vergangener Zeit sehen. Sie verlangen danach zu erfahren, wie es wohl ‘früher einmal war’. Kunstwerke können darauf eine Antwort geben. Kunstwerke lassen den Betrachter teilhaben an den Phantasien, die in einem Kunstwerk zu erleben sind. Kinder spielen und phantasieren gern – ein Aspekt, der sich hervorragend für die Vermittlung von Kunst nutzen lässt.

Ein Wesensmerkmal der Kunst ist es, ‘das Auge zu beeindrucken’ – mit welchen Mitteln auch immer. Das Erleben solcher Empfindungen schafft eine besondere Befriedigung: Kunst verschafft also Lust. Und auch Kinder – oder besser – gerade Kinder sind ‘Augentiere’.

Kunstwerke geben Anregung und Beispiel: Lust zu ästhetischer Produktion entsteht oft erst, wenn man starke Eindrücke durch Vorbilder erhalten hat. Für Künstlerinnen und Künstler war es übrigens immer selbstverständlich, sich umzusehen, wo und von wem sie neue Anregungen erhalten können. Dieses Verhalten sollte auch Kindern ermöglicht werden. Das bedeutet wiederum, dass man Kindern die Verwandtschaft ihrer eigenen Bilder zu den Werken ‘grosser Kunst’ aufzeigt.

Kunstwerke ermöglichen einen speziellen Blick auf die Welt. Ein Bild ist Abbild, Gegenbild, Interpretation und Stellungnahme. Die Erfahrung, dass Kunstwerke persönliche Botschaften enthalten können, entwickelt bei Kindern die Bereitschaft, die Welt selbständig und bewusst zu entdecken.

Kunst stiftet zum Unruhigsein an. Kunst bleibt nicht stehen, sie gibt sich nicht zufrieden mit Errungenschaften, die Gültigkeit erlangt haben. Hartmut von Hentig schreibt: „Wenn Kunst das ist, was uns erlaubt, Alternativen zu den gegenläufigen Erfahrungen wahrzunehmen, wenn sie das ist, was uns erlaubt, mit den Widersprüchen zu leben, die die Ratio einstweilen nicht oder nie auflösen kann – dann erscheint sie mir hinreichend praktisch definiert."

Für Kinder aber über Kunst zu schreiben oder mit Kindern über Kunst zu sprechen ist eine 'verzwackte' Sache

Die Kunst erreicht die Menschen nicht über Begriffe, über 'in Worte gesetzte Aussagen'. Kennzeichnend für Kunst ist ja gerade ihre vorbegriffliche Wirkungsweise: sie gefällt, erregt Gefühle, verunsichert, verstört, setzt in Erstaunen. Dies alles lässt sich manchmal nur schwer und oft nur unzureichend in Worte fassen. Insbesondere, wenn man für Jugendliche und Kinder über Kunst schreiben will, muss einem bewusst sein: ein Bild ist nie zu versprachlichen. Aber Sprache kann etwas ganz anderes leisten: sie kann ein Bild gewissermassen übersetzen, sie kann die Geschichten erzählen, die in jedem einzelnen Bild stecken.

Wie sieht ein gutes Buch für Kinder über Kunst aus?

„Kunst braucht Kenntnisse", hat Brecht einmal gesagt. Schlechte Bücher über Kunst geben Gebrauchsanweisungen, wie man ein Kunstwerk zu betrachten hat. Gute Bücher ermutigen durch Information zur eigenen Interpretation. Es sollen dabei durchaus Kenntnisse vermittelt werden – aber eben auf möglichst spannende und informative Weise. Auch dieses von Brecht: Kunst sei sehr wohl ein Mittel der Erziehung, aber ihr Zweck sei das Vergnügen. Kinder können an Bildern und durch Bilder also 'vergnüglich' lernen. Machen wir also Kinder wieder neugierig auf Bilder, machen wir sie neugierig darauf, wie die Menschen 'damals' gelebt haben, was sie gegessen, wie sie sich gekleidet haben und was sie bewegt hat.

Gelegentlich darf man dabei zum Klatsch- und Tratschreporter der Kunst werden. Dass Künstler 'auch Menschen' sind, bei aller künstlerischen Grösse auch Schwächen haben, auch das stellt eine Gefühlsebene zu Kunst her.

Neben die Kenntnisse, von denen Brecht gesprochen hat, sollte auch eine – verzeihen Sie den arg strapazierten Begriff – emotionale Betroffenheit treten, damit sich für ein Kind die Tür zu einem Kunstwerk öffnet. Uns Erwachsenen mag sich Kunst allein durch den Intellekt erschliessen – ein Kind sieht immer auch mit dem

Herzen. Aber bitte nehmen wir die Kinder dabei als Kinder ernst. Oft genug misslingt genau das: die jungen Leserinnen und Leser werden 'kindertümelnd' angesprochen oder sie werden durch 'Bildungshuberei' überfordert.

Jeder, der für Kinder und Jugendliche schreibt, weiss es längst: Kinder sind das anspruchsvollste Publikum, das man sich vorstellen kann. Ein Buch über Kunst für Kinder darf also alles – nur nicht langweilen. Erwachsene mag man mit wissenschaftlichen Termini beeindrucken – Kinder nicht. Sachverhalte müssen daher spannend und klar wiedergegeben werden, komplexe Vorgänge müssen vereinfacht und allgemeinverständlich gemacht werden, ohne sie dabei zu verfälschen.

Wie kommt jemand dazu, ein Buch über Kunst für Kinder zu schreiben?

Eine ganz persönliche Antwort: Vielleicht gibt es unter uns Menschen, die sich ganz pauschal für 'die Kunst' interessieren – bei mir sind es einzelne Kunstwerke, die mich interessieren, faszinieren und begeistern –, Kunstwerke, die mich in ihren Bann schlagen und nicht mehr loslassen wollen.

Eines dieser Bilder ist „Das Rhinozeros" von Albrecht Dürer. Ich muss gestehen, dass ich nicht einmal mehr mit Gewissheit sagen kann, wann ich diesem Bild zum ersten Mal begegnet bin. Bei den grossen – auch bei den künstlerischen – Lieben seines Lebens sollte man das ja eigentlich verlangen dürfen. Demnach muss es sich wohl um eine Liebe auf den zweiten oder gar dritten Blick gehandelt haben: Man sieht sich gelegentlich, merkt, dass man zueinander passt, und stellt plötzlich verblüfft fest, dass man ohne den anderen eigentlich nicht mehr sein möchte. Zugegebenermassen: bei der Liebe zu Bildern ist das immer eine etwas einseitige Angelegenheit ... Trost finden wir vielleicht in dem Gedanken, dass wir bei der Liebe zu unserem Lieblingsbild nicht immer ganz treu sind: es gibt kurz auflodernde Leidenschaften, die sich dann doch nur als Strohfeuer entpuppen, aber es gibt auch durchaus tief empfundene Gefühle, die unsere langjährige Beziehung zu einem Bild auf eine ernsthafte Probe stellen.

Aber kommen wir zurück: wir sind uns also unserer Liebe sicher. Und natürlich möchte man jetzt möglichst viel über den anderen wissen. Als eifersüchtiger Liebhaber macht einem der Gedanke rasend, dass es etwas gibt, was man von seinem Gegenüber nicht weiss. An dieser Stelle muss ich Sie beruhigen: In meinem Privatleben bin ich etwas weniger obsessiv!

In einer Mischung aus Besitzerstolz und Eitelkeit möchte man nun seine neue Liebe selbstverständlich auch der Öffentlichkeit präsentieren. Ja, man möchte erreichen, dass möglichst alle und das von frühester Jugend an die eigene Begeisterung teilen.

Als Autor ist jetzt der Moment gekommen, wo man sich auf die Suche nach einem Verlag macht. Auch hier gilt: man muss zueinander passen. Man stellt sich das zunächst als einfache Aufgabe vor: die eigene Idee, das eigene Produkt erscheint einem stimmig, und die Zahl der Verlage, die Kinder und Jugendliche als Interessenten und Konsumenten von Kunst entdeckt haben, ist gross. Bei näherer Betrachtung relativiert sich dann doch einiges. Alle, die sich aus persönlichen oder beruflichen Gründen mit dem Thema 'Kunstbücher für Kinder' auseinandersetzen, werden schnell feststellen, dass es hier seriöse Projekte gibt, denen es durchaus um die kindgemässe Vermittlung von Kunst geht, daneben aber – leider – auch Verlage, bei denen läppische Lay-out-Mätzchen im Vordergrund stehen oder denen es lediglich 'um die schnelle Mark' geht.

Wir erinnern uns: man muss zueinander passen. Ich gestehe es gern – ich habe mir für mein Rhinozeros-Projekt ganz bewusst den Rowohlt-Verlag ausgewählt. Ein paar Gründe dafür möchte ich nennen, ohne dabei in billige Werbung zu verfallen – die Qualität des Verlages spricht ohnehin für sich.

Sein Lieblingsbild gibt man nicht in die Hände von Hinz und Kunz. Da ist die erste Adresse gerade gut genug.

Ich finde die Idee der rororo-rotfuchs-Reihe „Mein Bild" so überzeugend – gerade weil sie so einfach ist. Man beschränkt sich auf Weniges: auf ein Bild. Und man hat den Mut, diesem Bild zuzutrauen, für sich zu sprechen. Es muss ja nicht immer die ganze Geschichte der abendländischen Kunst sein! In jedem einzelnen Bild steckt ein Universum von Geschichten.

Die Bücher sind spannend und verständlich geschrieben. Man wird darin kein Kunst-Gefasel und kein Imponiervokabular finden. Das heisst, die Autorinnen und Autoren haben immer den jugendlichen Leser im Auge und nicht den jungen elitären Gourmet. Dafür spricht auch, dass die Reihe „Mein Bild" als Taschenbuch erscheint. „Macht Bücher billiger", hat Tucholsky gesagt. Knapp 16,– DM sind für Kunstbücher dieser Qualität ein erstaunlicher Preis.

Die rororo-Reihe wurde von jemandem konzipiert und wird bis zum heutigen Tag von jemandem betreut, der etwas von der Sache, der etwas von 'Kind und Kunst' versteht. Gemeint ist Ute Blaich. Bei ihr vereinen sich verlegerisches Geschick mit dem Talent, 'ihren' Autoren bei der Vermittlung von Kunst Höchstleistungen abzuverlangen. Wir kennen das Motiv mittlerweile schon auswendig: man muss zueinander passen. Noch einmal zu Dürers Rhinozeros:

Über meine subjektive Begeisterung habe ich bereits gesprochen. Was kann dieses Bild für Jugendliche so interessant machen, dass sie ein ganzes Buch darüber lesen? 'Hinter dem Bild' steckt eine faszinierende Geschichte.

Dürer hat mit seinem Holzschnitt ein Meisterwerk der europäischen Druckgraphik geschaffen.

Dürers Nashorn zeigt an einem einfachen Beispiel einige Bedigungen, die zum Entstehen von Bildern führen. Zunächst macht Dürer mit dem Blatt etwas sichtbar, was in Nürnberg und überall, wo man das Bild gekauft hat, bis dahin unbekannt war: er zeigt die Gestalt des Nashorns. Oder in unserer aufgeblasenen Papiersprache: er vermittelt optische Informationen. Noch wichtiger aber ist, wie das Bild entstanden ist. Dürer hat selbst nie ein Nashorn gesehen. Wie ein Nashorn aussieht oder aussehen könnte, hat Dürer selbst zum ersten Mal gesehen, nachdem er es gezeichnet hatte. Kunst braucht also nicht immer das, was man vor Augen hat.

Am Beispiel der Person Dürers kann Jugendlichen des Zeitalter der Renaissance in Nordeuropa vergegenwärtigt werden. Eine veränderte Welt verändert auch die Künste und definiert die Rolle des Künstlers neu.

Die Bildgattung, die am besten den Aufbruch, eine neue Zeit, versinnbildlicht, ist der Holzschnitt. Das Informationsbedürfnis, der Hunger nach Bildern wächst, und der Holzschnitt ist das ideale Mittel der damaligen Zeit, um Kunst und Information breiten Bevölkerungsschichten zugänglich zu machen.

Es wären noch viele Gründe zu nennen. Jetzt aber die versprochene Geschichte vom Rhinozeros, die Sie so oder so ähnlich bald lesen werden können ...

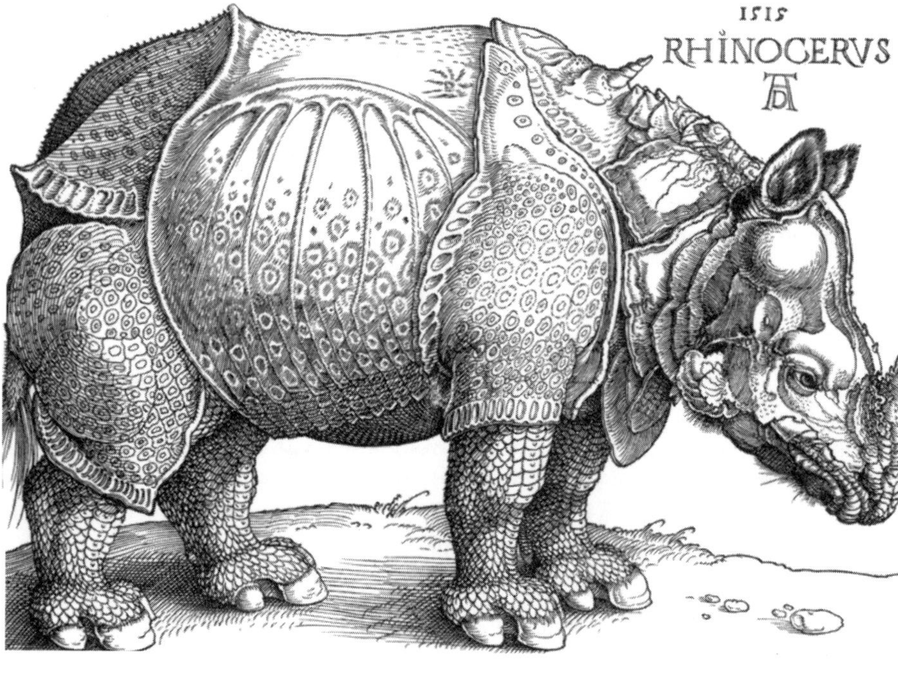

Abb. 20

Die Geschichte vom Rhinozeros

Ein Schiff aus Indien

Am Morgen des 20. Mai 1515 liegt ein Schiff in der breiten Mündung des Tejo-Flusses. Auf Lissabon und den Vorort Belem fällt ein milder Regen und der Fluss wälzt dunkles Wasser in den Atlantischen Ozean. Erst vor wenigen Stunden hat die „Nostra Señora da Ajuda“ Anker geworfen, aber trotz des Regens herrscht rege Geschäftigkeit an Bord. Kisten und Säcke werden auf kleinere Kähne verladen. Die nackten Oberkörper der Männer an Bord glänzen im Regen und im Schweiss der Lasten, die sie geschultert haben. Eile ist geboten, denn die Fracht ist kostbar, sehr kostbar, und die niedergehende Feuchtigkeit droht den Profit zu verderben.

Könnten wir näher beim Schiff sein, so würden uns trotz des Regens die wunderbarsten Gerüche in die Nase steigen. Der Duft von Zimt, Myrrhe und Sandelholz liegt über dem Schiff, denn es hat die Schätze eines fernen Landes geladen: Gewürze und Edelhölzer, orientalische Lackarbeiten und schimmernde Stoffe aus Indien.

Die Matrosen spornen sich gegenseitig zur Eile an. Aber nicht der Regen treibt sie an, sondern es ist die Sehnsucht, endlich wieder festen Boden unter die Füsse zu bekommen. Mehr als 20 Monate ist es her, dass man von Lissabon aus zur sogenannten „Correira da India“ aufgebrochen ist, auf das Meer hinaus, die afrikanische Küste hinab, um das Kap der Guten Hoffnung herum, dem Wunderland Indien entgegen, zu dessen Schätzen der Landweg seit der Eroberung Byzanz durch die Osmanen versperrt ist.

Die Monate der Entbehrungen an Bord sind vergessen. Das karge Essen, das brakkige Wasser, die lastende Hitze und die tobenden Stürme liegen weit zurück. Welcher Gegensatz! Die langen gleichförmigen Tage auf See und nun, in wenigen Stunden, wird man in Lissabon an Land gehen, der prächtigen Hauptstadt des portugiesischen Weltreiches.

Das Lissabon dieser Tage ist der grösste Umschlagplatz für viele Schätze aus einer neuen, noch immer unbekannten Welt. Längst hat Lissabon Venedig als Handelsmetropole überflügelt. Gewürze, die vor der Eroberung Byzanz über den Land- und Seeweg nach Venedig gekommen sind und von dort nach ganz Europa verkauft worden sind, werden nun von Lissabon aus vertrieben. Die Gewinne aus dem Gewürz-, aber auch Gold- und Sklavenhandel sind ungeheuer. Pfeffer bringt in Lissabon das 40fache des Einkaufpreises. Trotz der enormen Preise kann man kaum die Nachfrage stillen. Gleich händevoll kommen Pfeffer,Muskat, Zimt und Nelkenpulver in die europäischen Töpfe. Für die Menschen der damaligen Zeit sind die Gewürze Boten aus einer sagenhaften Welt. Vom Pfeffer etwa hat man die Vorstellung, er wachse auf einem Feld nahe dem Paradies. Der übermäßige Genuss von Gewürzen ist zunächst ein Privileg des Adels gewesen, schon bald aber wird dieser vom reich gewordenen städtischen Bürgertum imitiert. Der Handel mit fernen

Ländern macht Lissabon in wenigen Jahrzehnten zur mächtigsten Handelsstadt und den portugiesischen König Dom Manuel „den Glücklichen“ zum reichsten Monarchen Europas. Die portugiesische Krone hat das Monopol im Handel mit Gewürzen und einen Anteil von 40% am übrigen Handel.

Im 15. Jahrhundert hat Prinz Heinrich „der Seefahrer“ Astronomen, Geographen, Mathematiker und Seefahrer um sich versammelt. Neue Segeltypen werden entworfen, Seekarten werden gezeichnet, Reiseberichte gesammelt und ausgewertet. Heinrich lässt eine Flotte bauen und eine Seefahrtsschule gründen – er selbst betritt sein Leben lang nie ein Schiff. Vor allem aber läßt er Entdeckungsreisen finanziell unterstützen. Es ist ein Aufbruch ins Ungewisse, tollkühner als die Erforschung des Weltalls ein halbes Jahrtausend später. Es gibt keinerlei Sicherheit, selbst über die Ziele und die Wege dorthin herrscht Unklarheit. Keiner weiss, ob er von seiner Reise zurückkehren wird, und tatsächlich sieht jeder zweite Portugal nie mehr wieder. Man weiß noch wenig über die fernen Länder, und das Wenige stellt sich oft als Aberglaube oder Märchen heraus.

Aber nicht nur der Wunsch nach Wissen oder Gewissheit treibt die Menschen an, sondern es wächst auch die Gier, die die ganze Welt als Besitz betrachtet. 1498 erreicht Vasco da Gama als erster auf dem Seeweg Indien. 1500 entdeckt Pedro Alvares Cabral Brasilien. Weitere Entdeckungen und Eroberungen folgen, und in der Spanne eines einzigen Menschenlebens stampft Portugal ein weltumspannendes Imperium aus dem Boden. Ein phantastisches Gebilde, das sich nicht auf Heere und Armeen gründet, sondern auf eine zerbrechliche Kriegsflotte und eine Kette von Stützpunkten, die den 20.000 Kilometer langen Seeweg von Lissabon nach Indien sichern sollen.

Doch diese Gedanken bewegen die Männer an Bord unseres Schiffes nicht. Nur schnell von Bord mit den Gewürzen und Edelhölzern, den Ballen glänzender Seide, denn die kostbarste Fracht befindet sich noch immer an Bord. Eine Fracht so kostbar, dass selbst vornehme Fürsten anreisen werden, um sie zu bewundern, ein Schatz so sagenhaft, dass man bald in ganz Europa davon sprechen wird: Im Laderaum unseres Schiffes befindet sich ein lebendes Rhinozeros, ein indisches Panzernashorn.

Das Rhinozeros

Müde blinzelt es jetzt ins ungewohnte Tageslicht, das durch die Ladeluke über ihm fällt. Erschöpft steht es da, von der langen Seereise geschwächt. Heiss muss es gewesen sein unter Deck, als die glühende Sonne Afrikas auf das Schiff brannte. Wie mag es sich gefühlt haben, Tausende Kilometer von seiner Heimat entfernt, zehn Monate eingepfercht in dem engen Laderaum, kaum in der Lage, sich zu bewegen, gefesselt mit eisernen Ketten, die seine Haut wundgescheuert haben? Muß es nicht schreckliche Angst gehabt haben auf dem schwankenden Schiff? Darüber sagen uns die erhalten gebliebenen Dokumente nichts.

Das Rhinozeros, das 1515 wie durch ein Wunder lebend in Lissabon angekommen ist, ist ursprünglich ein Geschenk des Sultans Muzafar, Herrscher des indischen Königreichs Gujarat, an den „Vize-König" über die portugiesischen Besitztümer in Indien, Alfonso de Albuquerque, gewesen. Albuquerque ist ein skrupelloser Abenteuerer und Kriegsherr. Nichts kann ihn abschrecken, und er schreckt vor nichts zurück. Die Kanonen seiner Schiffe bahnen ihm seinen Weg. Nach der Eroberung Goas, das er zur Hauptstadt der portugiesischen Eroberungen in Indien machen will, läßt er alle männlichen Einwohner – angeblich über 6000 – kaltblütig abschlachten. Ein grausamer Mensch, der sich aber vielleicht durch wertvolle Geschenke davon abbringen lässt, seine Eroberungspläne weiter auszudehnen, so mag Sultan Muzafar gedacht haben. Diesem Zweck also hat unser Rhinozeros gedient: ein diplomatisches Geschenk, für politische Zwecke missbraucht.

Albuqerque, der den ausgefallenen Geschmack seines Königs kennt, gibt das Nashorn an Dom Manuel weiter. Sicher hat er sich von dem wertvollen Geschenk Vorteile und Vergünstigungen erhofft. Noch am Tag seiner Ankunft in Portugal wird das Rhinozeros in den Turm von Belem gebracht, der die Mündung des Tejo sichern soll. 1515 ist dieser Turm noch im Bau, eines Tages aber soll er wie ein Schiffsbug zum Tejo vorspringen: ein sechseckiges Bollwerk mit Schiessscharten und einem viergeschossigen Turm. Den dicken Mauern dieses halbfertigen Bauwerkes vertraut man das Rhinozeros an.

Ein Zweikampf

Die Ankunft des exotischen Tieres verbreitet sich wie ein Lauffeuer in Lissabon und darüber hinaus. Von nah und fern kommen die Menschen, um einen Blick auf das Rhinozeros zu werfen. Zur damaligen Zeit haben nur Könige und Fürsten kleinere Zoos, die meisten Leute haben kaum ein fremdes Tier zu Gesicht bekommen. Jetzt drängt man sich mit vielen anderen vor dem Turm, um das seltsame Tier zu bestaunen, denn noch nie zuvor war ein Nashorn in Europa zu sehen gewesen.

Das von der neuen Umgebung verwirrte Tier irrt in seinem Gefängnis umher. Vergeblich versucht es, sich dem Lärm und den Blicken der Schaulustigen zu entziehen. Aber die Mauern ermöglichen kein Entkommen, bieten keine schützenden Nischen oder Mauervorsprünge. Zum Glück weiß das Rhinozeros zu diesem Zeitpunkt nicht, dass ein noch schlimmeres Ereignis auf es wartet.

Dom Manuel ist ein Mann, der sich gern an aussergewöhnlichen Vergnügungen erfreut. Und er ist ein typischer Vetreter seiner Zeit. Das, was von den Schriftstellern der Antike überliefert worden war, wird in diesen Tagen auf seine Richtigkeit überprüft. Mit eigenen Augen will man jetzt die Welt erforschen. Auch von dem Rhinozeros haben die antiken Gelehrten seltsame Dinge zu berichten gewusst. Der römische Geschichtsschreiber Plinius hat in seinen Werken von der „natürlichen Feindschaft" zwischen Nashorn und Elefant berichtet. Aber hat man nicht auch behauptet, die Erde sei eine Scheibe, von deren Rand man herabzufallen drohe, und jetzt beherrscht die portugiesische Flotte die Weltmeere? Dom Manuel ist fest entschlossen, die Aussagen des Plinius mit eigenen Augen zu überprüfen: Das Rhinozeros soll im Kampf gegen einen Elefanten antreten.

Der Kampf soll am Sonntag, dem 3. Juni 1515, stattfinden. Schon am frühen Morgen strömen die Zuschauer herbei, um sich einen guten Platz zu sichern Es verspricht ein aufregendes Spektakel zu werden: Das fremde Tier, von dessen Tapferkeit schon die alten Griechen und Römer zu berichten gewußt haben, im Zweikampf mit einem Elefanten, den man schon aufgrund seiner Grösse für ein starkes und mutiges Tier gehalten hat. Aber das geduldige Warten der Zuschauer wird an diesem Tag nicht belohnt: Kaum erblickt der Elefant das Rhinozeros, nimmt er Reissaus und ist weder durch gute Worte noch durch die brutalen Schläge seiner Wärter zum Kämpfen zu bewegen. Etwas verärgert über den allzu kurzen Kampf verlassen die Zuschauer den Schauplatz. Enttäuscht ist man allerdings lediglich vom Unwillen des Elefanten. Das Rhinozeros wird von allen wegen seiner Tapferkeit und seines Mutes gerühmt.

Ein ungewöhnliches Geschenk

Dom Manuel, der König mit den Vorlieben für aussergewöhnliche Unterhaltungen, hat auch einen stark ausgeprägten Sinn für Politik. Zu jener Zeit ist es wichtig, mit dem Papst auf gutem Fuß zu stehen, weniger als guter Katholik, sondern um sich die Unterstützung des Kirchenoberhauptes für die Erweiterung der Besitzungen in Übersee zu sichern. Die Macht des Papstes reicht so weit, daß er 1494 mit einem Federstrich die Neue Welt in eine portugiesische und eine spanische Hälfte geteilt hat. Wohl dem Herrscher, der den Papst auf seiner Seite weiss. Im Jahr zuvor hat der portugiesische König Papst Leo X. bereits einen Elefanten geschenkt. Nun beschliesst Dom Manuel das Rhinozeros dem Papst zu vermachen. Eine Geste, die ihn sicher viel Überwindung gekostet hat, und die zudem in einem völligen Desaster endet.

Im Dezember 1515 verlässt ein Schiff den Hafen von Lissabon, beladen mit silbernen Krügen, kostbarem Porzellan und sechs goldenen Kelchen. Aber das wertvollste Geschenk an Bord ist unser Rhinozeros. Man hat es für diese Reise festlich geschmückt. Es trägt eine vergoldete Kette und einen mit Rosen und Nelken bestickten Umhang. Um den Hals hat man ihm einen dunkelgrünen Samtkragen gebunden. Wie mag sich das Rhinozeros in dieser Verkleidung wohl vorgekommen sein?

Auf der Reise nach Rom macht man einen Halt auf einer Insel vor Marseille und der französische König Franz I. und seine Frau eilen herbei, um dem Rhinozeros, dessen Ruhm sich sich mittlerweile in ganz Europa verbreitet hat, ihre Aufwartung zu machen. Derselbe König, der seinen portugiesischen Kollegen noch kurz zuvorals „le roi épicier“ – als „Krämer-König“ – verspottet hat, weil dieser seinen Reichtum dem Gewürzhandel zu verdanken hat, bestaunt nun neidisch das Geschenk von Dom Manuel an den Papst. Nach kurzem Aufenthalt setzt das Schiff seine

Reise nach Rom fort und schon bald erreicht man die italienische Küste. Doch nun nimmt das Unheil seinen Lauf: Ein Sturm kommt auf. Die Männer an Bord wehren sich mit allen Kräften gegen die entfesselten Naturgewalten, schon hat man die rettende Küste vor Porto Venere vor Augen, da braust der Sturm noch einmal auf, und das Schiff aus Lissabon, von wo aus man den tobenden Atlantik bezwungen, Afrika umsegelt und sich in die Fluten des Indischen Ozeans gewagt hat, versinkt in dem ansonsten so ruhigen Mittelmeer, nur wenige Meilen vom Land entfernt.

Verloren sind die kostbaren Krüge, zerschmettert das kostbare Porzellan und das Funkeln der goldenen Becher erlischt auf dem dunklen Meeresgrund. Und das Rhinozeros? Die beschwerliche Reise von Indien, die Gefangenschaft im Verlies von Belem, der Kampf gegen den Elefanten, das alberne Herausputzen für den Papst, all' das findet hier an der ligurischen Küste sein Ende. Die Füsse in schwere Eisenketten gelegt, ist das Rhinozeros nicht in der Lage, sich selbst zu befreien. Es ertrinkt an einem stürmischen Januartag des Jahres 1516 im Mittelmeer.

Dürers Rhinozeros

Eine Chance für einen unbekannten Künstler

Die Geschichte der Kunst kennt nicht nur die Namen der grossen Künstler. Dürer, Rembrandt, Velazquez, Picasso – ihnen können die Jahrzehnte und Jahrhunderte nichts anhaben. Aber es hat schon immer auch Künstler gegeben, deren Namen schon zu ihren Lebzeiten kaum jemandem ein Begriff waren.

Einem dieser Künstler gibt das Schicksal heute die Chance seines Lebens. Valentin Ferdinand, ein deutscher Graphiker, der schon lange in Lissabon lebt und sich hier Valentim Fernandez nennt, hat wie jeder in der Stadt von der Ankunft des Rhinozeros erfahren. Den Tag des Zweikampfes will er nutzen, um das fremde Tier zu zeichnen. Ein grossartiges Bild soll es werden! In ganz Europa soll man ihn dafür rühmen, dass er es war, der das Rhinozeros zuerst gemalt hat. Mit dem heutigen Tag will er sein ganzes Leben verändern.

Am Sonntag, dem 3. Juni 1515 – der Tag, an dem der Zweikampf zwischen dem Nashorn und dem Elefanten stattfinden soll – steht dieser Mann unter den Zuschauern und kneift jetzt die Augenlider zusammen, um im hellen Sonnenlicht den grossen Platz in Belem besser überblicken zu können. Der Praça do Imperio kann an diesem Tag die Neugierigen kaum fassen.

Allerdings muss Ferdinand schon bald einsehen, dass an diesem Tag an Zeichnen nicht zu denken ist. Halb Lissabon scheint auf den Beinen zu sein. Zunächst wird er von der Menschenmenge nach vorne gedrückt, dass er kaum atmen kann. Fast stürzt er, als die Soldaten des Königs die Zuschauer zurückdrängen. In dem heillosen Durcheinander gehen Papier und Stift schliesslich verloren. Valentin Ferdinand ist verzweifelt: vor seinen Augen spielt sich das gewaltigste Erlebnis seines Lebens ab, und er ist zum Nichtstun verdammt. Also muss er sich ganz auf seine Augen verlassen. Er versucht sich alle Einzelheiten des Nashorns einzuprägen, am liebsten würde er das Rhinozeros mit den Augen in sich hineinsaugen. Aber jetzt nimmt der Elefant auch schon Reißaus und man bringt das Rhinozeros zurück.

Der Weg von Belem nach Lissabon beträgt kaum mehr als zehn Kilometer, aber es gibt viel zu sehen an diesem Tag. Die festlich gekleideten Menschen strömen gutgelaunt in die Stadt zurück. Gaukler und Musikanten versuchen ein paar Münzen zu ergattern. Auf dem Tejo liegen die Schiffe, die für ihre gefährlichen Unternehmungen beladen werden. Aus anderen Schiffen lädt man die Schätze fremder Erdteile. Stoff genug für hundert Bilder, aber Ferdinand versucht wegzusehen, um sich das Bild des Nashorns in seinem Gedächtnis zu bewahren. Nur daran will er denken, bis er wieder in Lissabon ist, um das Bild des Rhinozeros zu Papier zu bringen.

Wie viele Hufe hat ein Fuss dieses seltsamen Tieres gehabt? Und die Hörner! War es nur eines oder waren es zwei Hörner gewesen? Der Weg von Belem nach Lissabon beträgt kaum mehr als zehn Kilometer, aber es gibt viel zusehen an diesem Tag. Langsam schieben sich andere Bilder vor das Rhinozeros und lassen es blasser und blasser erscheinen. Als Ferdinand endlich Lissabon erreicht und das Wenige, was er noch mit Gewißheit weiß, immer wieder zeichnet und zeichnet, da erkennt er, dass ihn heute das Glück verlassen hat. In wenigen Jahren schon wird sich niemand mehr an ihn erinnern.

Von Lissabon nach Nürnberg

Trotz alledem – die unbeholfenen Zeichnungen verkaufen sich. Nicht jeder hat die Sensation aus dem fernen Indien mit eigenen Augen sehen können. Man zahlt bereitwillig, sieht über die mangelnde Qualität der Zeichnungen hinweg, um doch ein wenig das Gefühl zu haben, man sei bei diesem Ereignis dabeigewesen.

Eine dieser Skizzen wird möglicherweise von einem Nürnberger Kaufmann, der sich damals in Lissabon aufgehalten hat, erworben, gelangt nach Nürnberg und schliesslich in die Hände von Albrecht Dürer. Viele Nürnberger Kaufleute, die mit Dürer gut bekannt waren, haben sich in Lissabon niedergelassen und beherrschen von hier einen Großteil des gewinnträchtigen Gewürzhandels mit Deutschland. Vielleicht ist Dürer aber auch ausschliesslich auf eine Beschreibung des Tieres angewiesen von jemandem, der in Lissabon das Nashorn selbst zu Gesicht bekommen hat.

Möglicherweise, vielleicht, eventuell ... Von diesen Dingen weiss man sehr wenig, und man ist auf Vermutungen und Spekulationen angewiesen. Nur wenige Wochen nach der Ankunft des Rhinozeros jedenfalls erfährt Dürer von den Vorgängen im fernen Portugal. Eines aber ist ganz sicher: Dürer ist von dem exotischen Tier wie elektrisiert.

Andere Künstler – andere Nashörner

Selbstverständlich kam auch anderen Künstlern die Geschichte vom Rhinozeros zu Ohren. Und natürlich wollten sie ebenfalls das exotische Tier darstellen. Die Probleme, vor denen sie standen, waren die selben Probleme, die auch Dürer hatte. Sie alle hatten das Nashorn nicht mit eigenen Augen gesehen, wussten also nicht, wie es wirklich aussah. Wie Dürer kannten sie nur Beschreibungen von Augenzeugen oder die Skizzen von Valentin Ferdinand. Er war der einzige Künstler, der in Lissabon selbst dabeigewesen war – leider sind ausgerechnet seine Zeichnungen im Laufe der Jahrhunderte verloren gegangen. Aus den vagen Angaben, die ihnen zur Verfügung gestanden haben, haben verschiedene Künstler das beste zu machen versucht.

Zunächst war da Giovanni Penni aus Florenz, der so begeistert von den Nachrichten aus Lissabon war, dass er ein Gedicht über das Rhinozeros verfasste und es zusammen mit einer Abbildung des Tieres veröffentlichen liess. Über die Qualität des Gedichts mag man verschiedener Meinung sein, das Bild des Nashorns ist eher einfach und schlicht ausgefallen. Etwas verloren steht es da und blickt glotzäugig vor sich hin. Der Körper wirkt recht plump, fast als ob man dem Rhinozeros einen Mantel umgehängt habe, unter dem nun die Beine hervorschauen.

Ein anderer Künstler, der sich am Rhinozeros versucht hat, war Hans Burgkmair, ein begabter Grafiker, der in Augsburg gelebt hat. Burgkmair war Dürers Freund, gleichzeitig aber auch einer seiner größten Konkurrenten. Was sofort auffällt, sind die Gemeinsamkeiten zwischen Dürers und Burgkmairs Bild: die Grösse des Tieres, seine Proportionen, Beine, Füße, Schwanz – alles ähnelt sich sehr. In anderen Punkten unterscheiden sie sich. Dürer setzt seinem Nashorn ganz selbstverständlich ein kleines Horn zwischen die Schultern, Burkmairs Rhinozeros ist an den Vorderbeinen mit einem Seil und einer Kette gefesselt.

Haben beide Künstler die selbe Bildvorlage von Ferdinand benutzt? Oder hat der eine beim anderen einfach abgezeichnet und leichte Veränderungen vorgenommen? Auch hier kann man wieder nur spekulieren. Tatsache ist, daß Burgkmairs Nashorn beim Publikum kaum auf Interesse stösst, während Dürers Rhinozeros in acht Auflagen gedruckt wird und sich prächtig verkauft.

Ein Bild ohne Vorlage

Das Rhinozeros ist *die* Sensation des Jahre 1515. Dürers künstlerischer Ehrgeiz ist geweckt. Und er ist geschäftstüchtig genug, um zu erkennen, dass sich ein Holzschnitt gut verkaufen würde, solange die Nachrichten aus Portugal in aller Munde sind. Also macht er sich sofort an die Arbeit. Wenn man einen Holzschnitt herstellen will, muss man zunächst eine Vorzeichnung anfertigen. Aber wie zeichnet man etwas, was man noch nie gesehen hat? Die vagen Angaben aus Lissabon zwingen Dürer, sich ganz auf seine Vorstellungskraft, auf seine Phantasie zu verlassen. Dennoch – ein Bild ganz aus dem Nichts zu schaffen ist eigentlich unmöglich. Dürer selbst gibt uns einen Hinweis, wie er vorgegangen ist, auf dem Text, der sich auf dem Druck über dem Bild des Rhinozerosses befindet. Aus dem altmodischen Deutsch Dürers übersetzt lautet er so:

Im Jahre 1515 nach Christi Geburt hat man Emanuel, dem grossen und mächtigen König von Portugal aus Indien ein solches lebendes Tiern nach Portugal gebracht. Das nennen sie Rhinozeros. Das ist hier mit all seiner Gestalt abgebildet. Es hat eine Farbe wie eine gesprenkelte Schildkröte. Und ist ganz von dicken Schalen bedeckt. Und es hat die Grösse eines Elefanten, aber kürzere Beine und ist sehr wehrhaft. Es hat ein scharfes, starkes Horn auf der Nase. Das fängt es an zu wetzen, wenn es irgendwo Steine findet. Dieses Tier ist des Elefanten Todfeind. Der Elefant fürchtet es sehr, denn wenn es ihn trifft, läuft ihm das Rhinozeros mit dem Kopf zwischen die Vorderbeine und reißt ihm den Bauch auf und tötet ihn. Dagegen kann er sich gar nicht wehren, denn das Rhinozeros ist so gewappnet, dass ihm der Elefant nichts antun kann. Man sagt auch, daß das Rhinozeros schnell, mutig und listig sei.

Dürer vergleicht das ihm unbekannte Nashorn mit Tieren, die er kennt. Die Farbe des Rhinozerosses vergleicht er mit der einer Schildkröte und die Grösse misst er an der eines Elefanten. Und wenn das Nashorn so gross wie ein Elefant sein soll, muss es stämmige Beine haben, um das Gewicht des Tieres zu tragen. Also gibt Dürer dem Tier vier massive Beine. Man hat Dürer berichtet, daß ein Elefant dem Rhinozeros nichts anhaben kann. Also muss das Nashorn eine gepanzerte Oberfläche haben. Wie ein Ritter eben, dem die Spiesse und Lanzen ja auch kaum etwas anhaben können. Dürer hat in Nürnberg in der Nähe der Schmiedgasse gewohnt, wo die Waffenschmiede ihre Werkstätten gehabt haben. Sicher hat er ihnen oft bei der Arbeit zugesehen. Außerdem hat Dürer selbst Rüstungen entworfen. Und tatsächlich sieht das Rhinozeros ein wenig aus, als ob es in einer phantastischen Rüstung stecken würde, die aus einer Kombination von Schuppen, Platten und Schalen besteht. Der Brustkorb des Nashorns und die sich abzeichnenden Rippen erinnern stark an die Sehschlitze eines Visiers, das Dürer im selben Jahr gezeichnet hat. Und da über einige Jahrhunderte die meisten Menschen nie ein Nashorn zu sehen bekommen haben, sondern nur Dürers Rhinozeros gekannt haben, ist es vielleicht kein Zufall, dass man in Deutschland das indische Nashorn auch als Panzernashorn bezeichnet.

Dürer gelingt das beinahe Unmögliche: er zeichnet das Rhinozeros, das er nie gesehen hat, und er erschafft ein Meisterwerk.

Jungfer Clara

In den nächsten Jahrzehnten gelangen weitere Nashörner von Indien nach Europa. Vom langen Transport geschwächt, mangelhaft und oft falsch ernährt sterben diese Tiere schon alle kurz nach ihrer Ankunft.

Im Jahre 1741 trifft eine Nashorn in Rotterdam ein, das es zu einem verhältnismässig langen Leben und zu einer gewissen Berühmtheit bringen sollte. Es war zwei Jahre zuvor in Nordindien gefangen worden, hatte mehrmals den Besitzer gewechselt und war schliesslich von einem holländischen Kapitän namens Douwe Mout van der Meer gekauft worden, der es nach Europa bringen liess. Die nächsten 17 Jahre reisten van der Meer und sein Nashorn auf einem eigens für diesen Zweck konstruierten Karren durch fast alle Länder Europas. Die Menschen waren von dem Nashorn begeistert, schlossen es in ihr Herz und gaben ihm den Namen „Jungfer Clara".

In Berlin ist Friedrich der Grosse von dem Nashorn so angetan, dass er für die Vorführung Kapitän van der Meer 18 Dukaten über den vereinbarten Preis hinaus zukommen lässt.

Die österreichische Kaiserin Maria Theresia schaut sich „Jungfer Clara" mit ihren Kindern in Wien an. Zur Erinnerung an diesen Tag lässt sie eine Miniatur ihres Sohnes Karl Joseph malen. In seiner Hand hält der kleine Erzherzog ein aufgeschlagenes Buch, das die Abbildung eines Nashorns zeigt.

Ludwig XV., König von Frankreich, will das Tier gerne für seine Menagerie kaufen, ist dann aber doch nicht bereit, den unverschämten Preis zu zahlen, den van der Meer für das Rhinozeros verlangt.

Im Frühjahr 1751 wird das Rhinozeros in Venedig gezeigt. Hier ist es die Hauptattraktion des Karnevals, den man gerade feiert. Der venezianische Maler Pietro Longhi hat das Tier portraitiert und sein erbärmliches Dasein zwischen Kothaufen und Stroh festgefalten. Der bedauernswerten Kreatur ist im Jahr zuvor in Rom das Horn abgebrochen, als es immer wieder gegen die Gitterstäbe seines Käfigs gerannt ist.Glücklicherweise scheint das Horn wieder nachgewachsen zu sein, denn auf späteren Darstellungen kann man „Jungfer Clara" wieder unverstümmelt sehen. Auf Longhis Bild kaut es noch hornlos und mit einem traurigen Gesichtsausdruck auf einem Büschel Stroh herum. Hinter der hölzernen Barriere steht der Dompteur – möglicherweise van der Meer – und zeigt auf das Rhinozeros. In der erhobenen Rechten hält er eine Peitsche und das abgebrochene Horn des Tieres.

Welcher Gegensatz: das geschundene Nashorn in all seiner Armseligkeit und die vergnügungssüchtige venezianische Gesellschaft des Rokoko. Man hat sich aufgeputzt für diesen Tag und ist nach französischer Mode gekleidet. Da gerade Karneval ist, tragen einige Personen auf dem Bild eine Maske. Trotz der Maskierung können diese Menschen ihr wahres Gesicht allerdings nicht verbergen: Für das Rhinozeros scheint sich lediglich ein Mann am rechten Bildrand zu interessieren. Nachdenklich kaut er an seiner Meerschaumpfeife. Die anderen Personen auf der Tribüne nehmen keinen Anteil an der leidenden Kreatur. Sie sind in Wahrheit nicht wegen des Rhinozeros, sondern wegen der Sensation, des gesellschaftlichen Anlasses hier. Eigentlich will man nicht das Nashorn sehen, sondern selbst von den anderen Zuschauern gesehen werden.

Von „Jungfer Clara“ gibt es unzählige Darstellungen. Das liegt zum einen daran, dass das arme Nashorn von 1741–58 durch ganz Europa gekarrt wurde. Zum anderen hatte van der Meer eine zusätzliche Einnahmequelle entdeckt. In beinahe jeder Stadt, in der er mit „Jungfer Clara“ Station machte, beauftragte er Künstler, ein Flugblatt mit einem Bild und einem kurzen informierenden Text herzustellen. Jeder, der gegen Entgelt das Rhinozeros angeschaut hatte, konnte sich noch diese Flugblätter als Erinnerungsstück kaufen. Gezahlt wurde aber auch von denen, die sich den Eintritt nicht leisten konnten. So konnten sie das Nashorn wenigstens auf einem Bild betrachten. Kein Wunder also, daß Kapitän Douwe Mout van der Meer längst ein gemachter Mann war, als „Jungfer Clara“ am 14. April 1758 in London starb.

Die Kunst und nicht die Wirklichkeit

Obwohl es jetzt also genauere und wirklichkeitsgetreuere Bilder eines Nashorns gab, konnten sie sich nicht gegen Dürers Rhinozeros durchsetzen. Die Menschen wollten sich ein Nashorn lieber so vorstellen, wie Dürer es zuerst dargestellt hatte. Die Kunst hatte recht und nicht die Wirklichkeit.

Ganz nebenbei hat Dürer, ohne es selbst zu wissen, etwas ganz Neues geschaffen. Wenn Dürer eine Pfingstrose oder eine Landschaft in den Alpen malt, dann hat er diese Dinge jeweils vor sich. Weil Blumen welken und er die Landschaft nur für wenige Stunden auf dem Weg nach Italien sieht, will er das Gesehene festhalten. Das Rhinozeros zeigt, daß ein Maler nicht nur zeichnen kann, was er vor sich sieht. Es ist fast schon ein modernes Bild – es wird nicht nach einem Vorbild, nach der Natur gezeichnet, sondern das Bild entsteht nur in der Vorstellung des Künstlers. Wie das Rhinozeros ausgesehen haben könnte, hat auch Dürer zum ersten Mal gesehen, nachdem er es gezeichnet hatte. Vorher gab es dieses Bild nicht.

Das Rhinozeros mag an einem stürmischen Januartag des Jahre 1516 im Mittelmeer ertunken sein, in der Kunst ist es durch den wunderbaren Holzschnitt von Dürer unsterblich geworden. Acht Auflagen werden davon gedruckt. Die Holzschnitte verkaufen sich so gut, daß sie gefälscht werden. Das Zentrum der im großen Stil betriebenen Kunstfälschung liegt in Italien.

Der Vertrieb erstreckt sich über ganz Europa. Gefälscht wird alles, was gut und teuer ist: Ölbilder, Holzschnitte, Gold- und Silberwaren. Seit es Mode geworden ist, Kunstwerke zu sammeln, blüht das Geschäft der Fälscher und betrügerischen Händler. Nach Dürers Tod strengt seine Frau Agnes einen Prozess gegen einen venezianischen Fälscher an, der Dürers „Marienleben“ nachgeschnitten und damit einen einträglichen Handel in ganz Europa betrieben hat. Die Affäre kommt bis vors Dogengericht, welches entscheidet: ein Künstler, der so perfekt arbeitet, daß die Kopie dem Original aufs Haar gleicht, sei nicht zu bestrafen. Das Gericht verbietet dem Fälscher lediglich, Dürers berühmte Initialen unter sein eigenes Werk zu setzen.

Dürers Geldbeutel mögen die Fälschungen geschadet haben. Seinem Bekanntheitsgrad waren sie eher förderlich, sie halfen mit, seinen Namen in ganz Europa bekannt zu machen. Auch das Rhinozeros wurde natürlich gefälscht. Wie die Originale, so verkaufen sich auch die Fälschungen bestens. Schon bald war das Rhinozeros so bekannt, dass fast alle Künstler und Kunsthandwerker, die ein Nashorn darstellen wollten, ganz selbstverständlich auf Dürers Rhinozeros zurückgriffen. Dürers Nashorn wurde auf Teller und Vasen gemalt, in Marmor gehauen und aus Porzellan geformt. Das Rhinozeros gibt es als Brunnenfigur, in Bronze gegossen und auf Wandteppiche gestickt. Bis zum Anfang unseres Jahrhunderts war es sogar in vielen Biologie-Schulbüchern abgedruckt. Wenn Dürers Rhinozeros auch nicht mehr in Schulbüchern zu finden sein mag, seinen Platz in der Kunstgeschichte hat es sicher behauptet.

ULF ANDRESEN

10. Angeleitete freie musikalische Improvisation[1]

Ein wesentliches Problem der Musikvermittlung in den Schulen, insbesondere den weiterführenden Schulen, besteht darin, dass sehr oft versucht wird, den Schülerinnen und Schülern auf analytisch-theoretischem Weg Musik zu nahe zu bringen.

Obwohl Musik als erstes Kommunikation von Gefühlen ist, wird dieses oft genug gar nicht angesprochen, geschweige denn ausgearbeitet, sondern es wird so getan, als sei Musik (nur) ein Appell an die Logik. Der Knackpunkt hierbei ist die Arbeitsweise des menschlichen Gehirns. Beim Erwachsenen ist das Gehirn so organisiert, dass die rechte und die linke Hirnhälfte jeweils zwei völlig unterschiedliche Aufgabenfelder übernehmen. Obwohl ein gut arbeitendes Gehirn letztlich beide Hirnhälften stark fordert und diese dann auch intensiv miteinander kommunizieren, ist doch immer eine Hirnhälfte dominant. Besonders wirksam wird die automatische Bevorzugung einer der Hirnhälften, wenn etwas Neuartiges erlernt wird. In unserer stark an Wissenschaftlichkeit orientierten Kultur ist bei den allermeisten Menschen die linke Hirnhälfte, die für Logik, Genauigkeit, Richtig-falsch-Klassifizierungen, analytisches (d. h. schrittweises) Denken und auch für die meisten Aspekte von Sprache zuständig ist, grundsätzlich dominant. Über diesen Arbeitsmodus des Gehirns läuft auch die allgemein übliche Art von Musikvermittlung. Nach diesem Ansatz soll Musik verstanden und, wenn es um das aktive Musizieren geht, korrekt produziert werden. Dominiert aber dieses Konzept, werden Musik und Musizieren als etwas sehr Anstrengendes und Kompliziertes empfunden. Gute Musik ist dann vor allem komplizierte Musik.

Wird Musik dagegen primär als Gefühle, Empfindungen, bildhafte Assoziationen, Intuition etc. ansprechend und ausdrückend vermittelt, wird also die rechte Hirnhälfte beansprucht, so macht Musikhören und Musikspielen grossen Spass und wird als energetisierend und/oder entspannend empfunden.

Obwohl bei Kindern bis zum Alter von etwa zehn Jahren die Trennung der Aufgabenverteilung auf die Gehirnhälften noch nicht so organisiert ist wie beim Erwachsenen, sind die beiden dargestellten Ansätze erfahrungsgemäss in ihrer Auswirkung eher noch deutlicher als bei Erwachsenen. Für Kinder ist es also noch wichtiger, auf eine Art Musik vermittelt zu bekommen, die (beim Erwachsenen) auf die Arbeitsweise der rechten Hirnhälfte zugeschnitten ist.

Die angeleitete freie Improvisation ermöglicht einen sehr intuitiven Umgang mit Musik. Gleichzeitig wird auch anhand der konkreten Situation, nämlich dass nach einigen vorbereitenden Übungen Gruppen gebildet werden, die Aufgaben erhalten, gemeinsam etwas musikalisch darzustellen, soziales Verhalten eingeübt. Besonders Kindern, aber auch vielen Erwachsenen ist meist ohne jede Erklärung

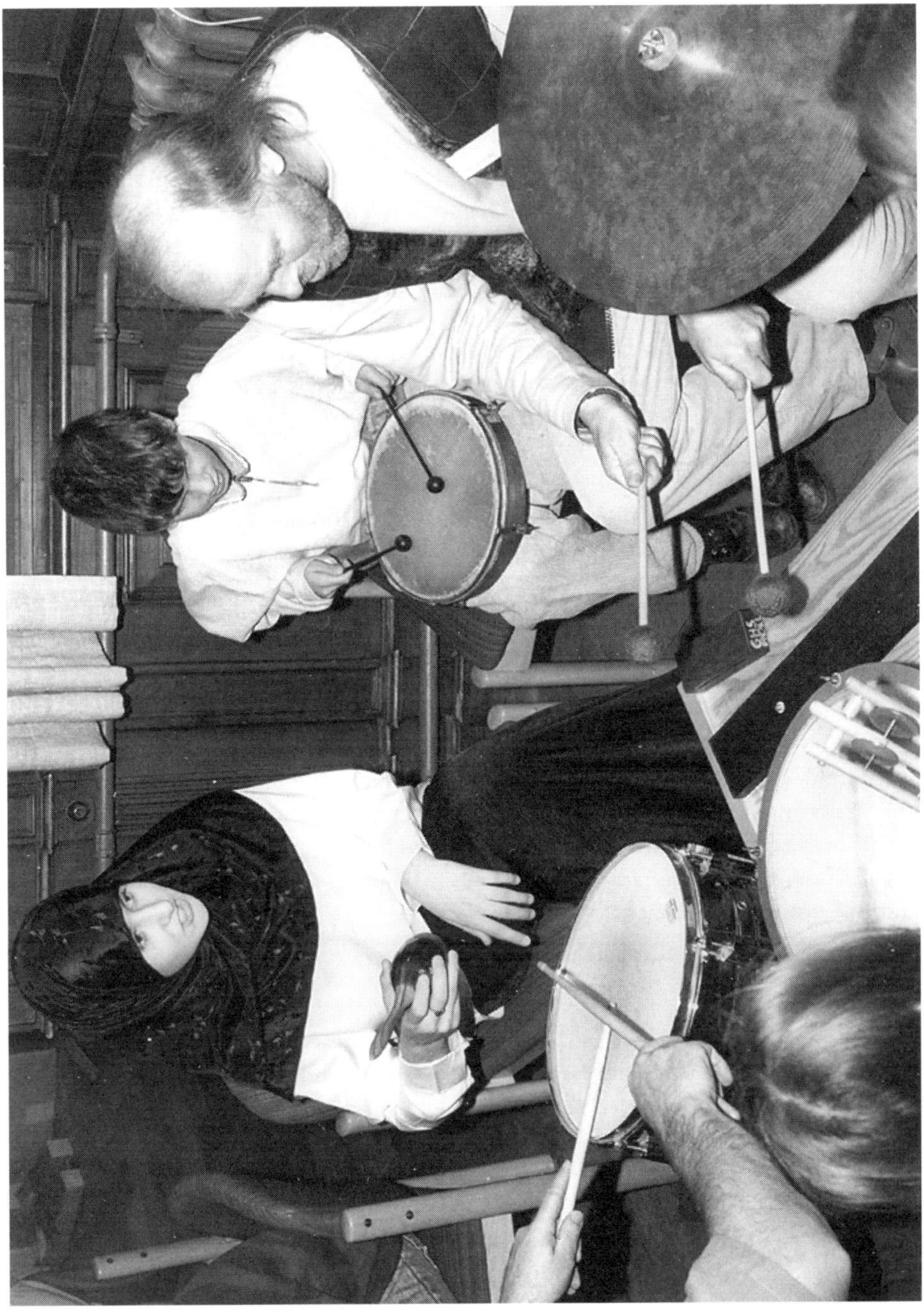

Abb. 21

völlig selbstverständlich, dass einerseits alle (also auch man selbst) sich äussern dürfen und sollen, andererseits aber jeder sich auch in die Gruppe einfügen sollte, soll ein brauchbares Ergebnis erzielt werden. Problematisch ist dies übrigens nicht, wie man vielleicht meinen könnte, für 'schwierige' Menschen (Konzentrationsschwäche, Schwierigkeiten im sozialen Verhalten etc.). Mit diesen erlebt man gelegentlich kleine Wunder. Dagegen sind oft Menschen, die bereits viel über Musik zu wissen meinen, sehr gefährdet, die Gruppendynamik zu behindern, weil sie ihr Wissen oft schematisch statt kreativ einsetzen und zudem noch glauben möchten, sie müssten eine 'erfolgreiche' Darstellung ihrer Gruppe durch dominantes Auftreten ihrerseits erzwingen.

Wenn so etwas in einer der Gruppen geschieht, ist das einer der wenigen Fälle, in denen die Leitenden eingreifen sollten. Generell gilt, dass der Leiter eher viele Übungen, wie Hörmeditationen, Stimmlockerungen, Instrumententechniken, musikphilosphische Hintergründe etc., in der Einleitungsphase aufgibt, um die richtige Atmosphäre zu schaffen. Kommt es dann zur zentralen Aufgabe der Gruppenimprovisation, sollte die Leiterin zwar für alle Fragen zur Verfügung stehen, aber grundsätzlich zunächst sehr wenig in die Gruppen eingreifen. Ihre Erfahrungen müssen die Teilnehmer selbst erleben. Reflektiert und verarbeitet werden die Erfahrungen hinterher. Wichtig ist dafür u. a. das Feedback der zuhörenden Gruppen, die nach allen bisher gemachten Erfahrungen sich sehr ernsthaft und respektvoll (und meist auch sehr sensibel) mit den Improvisationen der anderen Gruppen auseinandersetzen. Erst wenn einzelne Gruppen so weit sind, dass sie eigene Strukturen und eine eigene Ästhetik entwickeln, kann der Leiter sich überlegen, auf irgendeine Weise ungefragt einzugreifen (neue Kleingruppenzusammenstellung, Spezialaufgaben, irritierende Vorgaben etc.), um eine Erstarrung des kreativen Flusses zu verhindern. Unter anderem wird dabei implizit vermittelt, wie beide Hirnhälften konstruktiv zusammenarbeiten können, so dass die Fähigkeiten des Gehirns potenziert werden.

Und Spass macht das alles auch noch!

Literatur[2]

Wiedemann, H.: Klavierspiel und das rechte Gehirn, Regensburg 1997

Decker-Voigt, H.-H.: Aus der Seele gespielt – Eine Einführung in die Musiktherapie, München 1992

Sonnenschmidt, R.; Knauss, H.: Musik-Kinesiologie, Freiburg 1994

Anmerkungen

1 In der angeleiteten freien Improvisation werden die Teilnehmenden durch die Vorarbeit einer Leiterin / eines Leiters dazu angeleitet, sich im Rahmen einer Kleingruppe musikalisch zu äussern.

2 Weiterführende und ergänzende Literatur gibt es weniger, als man sich wünschen würde. Empfehlenswert finde ich die obenstehenden drei Texte.

EVA SCHULZ / JUTTA BAITSCH

11. Anregungen aus dem Atelier – Freier Text und Letterndruck

An der Französischen Schule, einer Grundschule in Tübingen, fand im Schuljahr 1996/97 das Projekt „Kinder malen in Öl“ statt.

Durchgeführt wurde das Projekt von Heribert Weber von der Universität Tübingen, zusammen mit Studierenden des Seminars ‘Kind und Kunst’. Im Anschluss daran setzte die Studentin Bärbel Schwarz das Projekt unterrichtsbegleitend über das zweite Schulhalbjahr hindurch fort.

Mit den Kindern aus der Lerngruppe rot (1., 2. und 3. Jahrgangsstufe) entstanden großformatige Ölbilder, die in einer Auswahl bei der Tagung ‘Kind und Kunst’ in Bad Boll ausgestellt waren.

Einige dieser Ölbilder waren Ausgangspunkt für unseren Werkshop ‘Freier Text und Letterndruck’. Im Zentrum standen Freie Texte, die nach der Begegnung der Workshop-Teilnehmerinnen mit den Ölbildern der Kinder aus der Französischen Schule geschaffen wurden. In der Gruppe wurden die Texte anschließend gesetzt und gedruckt.

Zur Anregung und als Arbeitsgrundlage für die Freien Texte wurden den Teilnehmerinnen die japanischen Verskunst des Haiku vorgestellt.

Es entstand so neben der inhaltlichen Auseinandersetzung mit dem Tagungsthema ‘Kind und Kunst’ eine (Erst-)Begegnung mit Hochdruck (Letterndruck) und freier Gestaltung eines Textes in einer fremden Gruppe.

Abb. 22

FELIX SCHELLHORN

12. Anregungen aus dem Musikatelier

Im Rahmen des Musikateliers wollten wir einige Methoden vorstellen, die fachergänzend im Unterricht angewendet werden können und die nicht nur die Auseinandersetzung mit Musik oder das Musizieren fördern sollen. Allgemein wird mit Musik an Schulen hauptsächlich Musikunterricht und somit auch Musiktheorie oder Schulorchester/-band assoziiert. Die Vorstellung, Musik könnte eine lernunterstützende Methode darstellen, um ein besseres Unterrichtsklima zu schaffen, ist in naturwissenschaftlichen Fächern noch eher fremd.

Aber gerade die Musik ist eine Form der Kommunikation, die uns allen naheliegt und die auf einer nonverbalen Ebene mehr zu sagen vermag als Worte.

Wir gehen davon aus, dass Lernerfolg von der Qualität des Dialogs zwischen Lehrenden und Lernenden abhängt. Was qualitativ ein guter oder schlechter Dialog ist, wollen wir hier nicht erörtern. Aber wir werden einige Faktoren nennen, die für einen guten Dialog wichtig sind, wie zum Beispiel ein gemeinsamer Kommunikationskonsens, Empathie für das Gegenüber, eine konzentrierte Aufnahme der Information etc.

Alle diese Einflussgrössen sind beim Musizieren genauso von Bedeutung; also können wir festhalten, dass auch Musik ein Dialog ist. Wenn wir diesen Gedanken weiterverfolgen, dann muss es möglich sein, über eine musikalische Ebene ein positives Klima für den Austausch zu schaffen und somit auch eine effektive Lernatmosphäre.

Im folgenden werde ich einige Übungen vorstellen und einige Aspekte aufzeigen, die sich positiv auf die Dialogqualität auswirken können, und damit auch auf die Lernsituation. Vorab möchte ich betonen, dass diese Übungen in erster Linie Spass machen sollen, was Lerndruck und Lernstress abbaut.

Bei diesen Übungen geht es vor allem um die Sensibilisierung der Wahrnehmung, insbesondere um das Zuhören. Für den Teilnehmehmenden soll ein neues Hörerlebnis entstehen, das durch ein immer differenzierteres Zuhören und Lauschen sowie durch den eigenen Beitrag eine gesteigerte Konzentration zur Folge hat. Ausserdem sollen das Gruppenverhalten und gleichzeitig die eigene Rolle innerhalb der Gruppe, als Individuum, gestärkt werden.

Ein Problem aus der gängigen Schulpraxis besteht darin, dass nicht in allen Klassenzimmern Musikinstrumente in genügender Anzahl zur Verfügung stehen. Aus diesem Grund verwenden wir bei den Übungen hauptsächlich Perkussionsinstrumente und die eigene Stimme. Perkussionsinstrumente können zum einen einfach selbst hergestellt werden, zum anderen auch durch z. B. in die Hände klatschen, auf den Boden stampfen, auf Tische oder Stühle schlagen, leicht ersetzt werden.

Um die Methode den Teilnehmerinnen und Teilnehmern vorzustellen, sollte eine einmalige Einführungszeit von ca. vier Schulstunden angesetzt werden, die im Rahmen des Musikunterrichts, einer AG oder Projektwoche durchgeführt werden könnte. Sind die Übungen den Teilnehmern einmal bekannt, kann man in jeder beliebigen Unterrichtsstunde auf sie zugreifen und maximal zehn Minuten für die Durchführung verwenden.

Abb. 23 Musikatelier

Übungsbeispiele

a) Zu dieser Übung stellen sich die Teilnehmerinnen in einem Kreis auf. Um die Hemmschwelle zu senken, ist es sinnvoll, sie alle zuerst mit dem Rücken zum Kreisinnern zu stellen und so den direkten Blickkontakt zu vermeiden.

Als Hauptinstrument soll die eigene Stimme dienen, wobei nicht ausschliesslich sie benützt werden muss. Den Möglichkeiten, Geräusche zu erzeugen (wie Sprechgesang, Klatschen, Stampfen, Schnalzen, Kichern etc.) sind keine Grenzen gesetzt und sollten auch keine gesetzt werden. Teilnehmer, die durch Verhalten wie z. B. Lachen oder andere vermeintlich störenden Geräusche auffällig werden, können relativ einfach und schnell wieder in die Gruppe integriert werden. Dies wird leicht dadurch erreicht, indem man die Gruppe die vermeintlich störenden Geräusche nachmachen lässt und so in die Übung einbaut.

Unsere Erfahrung zeigt, dass je länger die Übung dauert, desto mehr die Teilnehmenden darum bemüht sind, die individuellen Geräusche, die sie produzieren, aufeinander abzustimmen. Über dieses Harmonisieren kommt es zu Interaktionen einzelner in der Gruppe.

Man kann dieselbe Übung wiederholen, wobei die Teilnehmenden nun nicht mehr im Kreis stehen, sondern sich im Raum frei hin- und herbewegen sollen. Durch die Bewegung der Teilnehmer im Raum bilden sich immer wieder akustische Verdichtungen, die ein wechselndes räumliches Hörerlebnis ermöglichen.

Als weitere Variation dieser Übung können selbstverständlich auch verschiedene Musikinstrumente verwendet werden.

b) Eine andere Übung ist die musikalische Gestaltung eines Begriffes, eines Themas oder einer Situation (z. B. Urwald, Marktplatz, Liebe, Unterricht ...).

Der Begriff wird möglichst von den Teilnehmerinnen selbst gewählt. Die Gestaltung kann sowohl von einer Kleingruppe, einem einzelnen Teilnehmer oder von der gesamten Gruppe gemeinsam durchgeführt werden. Die Vorbereitungsphase sollte nicht länger als fünf Minuten betragen, da es bei der Ausführung um Spontanität geht, nicht um ein durchdachtes Vortragen. Durch das kurze Andenken wird ein Prozess initiiert, der bei der Präsentation weiterentwikkelt wird. Die Teilnehmer sind dadurch gezwungen, einander zuzuhören, aufeinander zuzugehen und musikalisch in Dialog zu treten. Hierdurch wird ein emphatisches Gefühl der Gruppenmitglieder untereinander und für die Situation gefördert.

Als weitere Variation können zwei Kleingruppen gegeneinander antreten, die denselben Begriff musikalisch darstellen und dann von der Gesamtgruppe bewertet werden.

Die Übung könnte ebenfalls in der Form eines Ratespiels gestaltet werden, indem Kleingruppen verschiedene Begriffe musikalisch darstellen, die dann von den restlichen Teilnehmern erraten werden sollen.

Die hier genannten Übungen verstehen wir als Anregungen. Bei der Umsetzung dieser lernunterstützenden Methode ist der Phantasie keine Grenzen gesetzt.

13. Eindrücke aus den Ateliers

Video (Carola Flad)

Die erste Besonderheit lag darin, dass das Videoatelier keinen festen Ort hatte. Von daher passt der Begriff 'Atelier' auch nicht ganz. Die Ausgangsbasis für die Gruppe war der grosse Raum im Westflügel unter dem Dach. Es haben sich drei Gruppen gebildet, die dann relativ rasch losgezogen sind, ausgerüstet mit Kamera- und Tontechnik. Das Videoatelier hat sich aus dem breiten Spektrum des filmischen Darstellens das Dokumentieren herausgepickt.

Dies war im Rahmen der Tagung 'Kind und Kunst' sehr spannend, denn im Zentrum standen die anderen Ateliers mit ihren jeweiligen Schwerpunkten und dem Experimentieren vor Ort. Dadurch konnten die Teilnehmenden des Videoateliers ihrer Neugier freien Lauf lassen und forschend die anderen Atelierorte aufsuchen.

Inhaltlich ging es einmal darum, technische Fertigkeiten zu erlernen, zum anderen standen neben ästhetischen Gesichtspunkten ebenfalls medienpädagogische Fragen und konkrete Anleitungen im Mittelpunkt. Dies wiederum hat mit der zweiten Besonderheit zu tun, dem Verhältnis zwischen den Teilnehmenden, unter erwachsenen und nicht erwachsenen Teilnehmenden, den SchülerInnen. Dieses Gleichgewicht hat sich letztlich auf das Konzept der Arbeiten ausgewirkt: Die Erwachsenen konnten sich einmal selbst dem Videofilmen widmen und dabei gleichzeitig die Drittklässler anleiten.

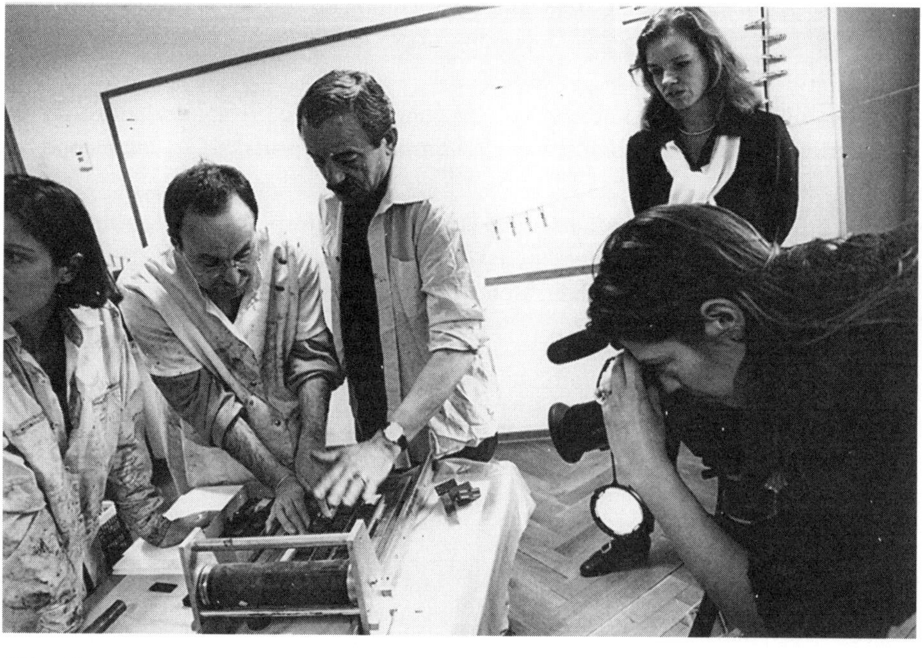

Abb. 24

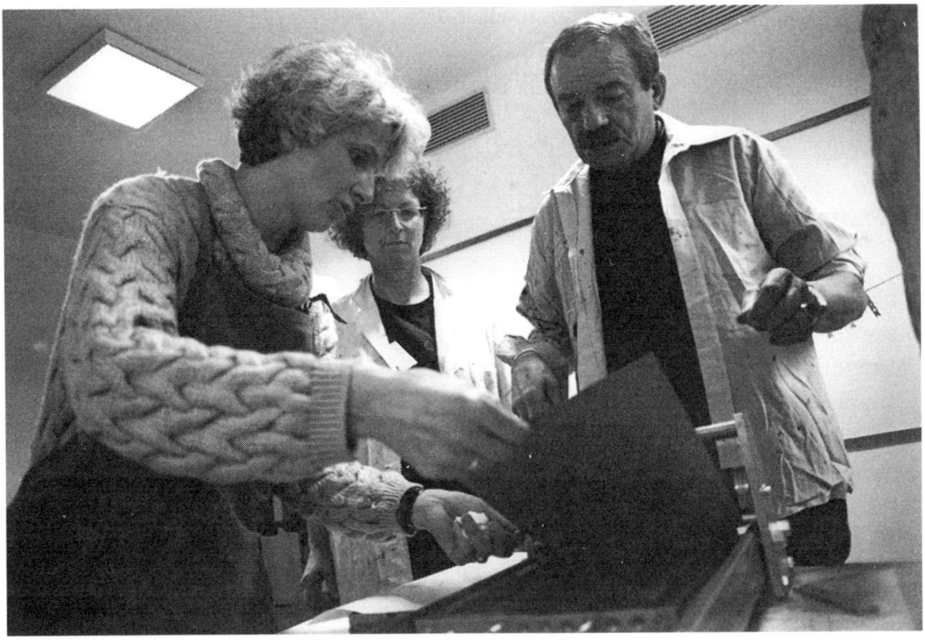

Abb. 25

Drucken (Barbara Frösch)

Obwohl, oder vielleicht eher weil es nicht meine erste Begegnung mit dem Drukken war, konnte ich mich seiner Faszination nicht entziehen – ich habe aktiv teilgenommen.

Ich will trotzdem einen Blick von aussen auf die Atelier*arbeit* werfen:

Gearbeitet wurde in den zwei Tagen intensiv in Gruppen von jeweils drei Personen. In jedem einzelnen Druck steckt viel Arbeit: von der Idee bis zum Endprodukt sind zahlreiche Arbeitsschritte nötig, die immer mit Entscheidungen verbunden sind. Man muss Gedanken formulieren, den Text eventuell reduzieren, sich für eine Schriftart entscheiden, den Text gestalten und setzen, sich über Farbgebung einigen und schliesslich Drucke produzieren.

Auch ausserhalb der Atelierzeiten, in den Pausen, selbst nachts konnte man Teilnehmende beim Drucken antreffen. Die Atmosphäre im Atelier war dicht, emsig, arbeitsam und dabei gelöst und konzentriert zugleich. Konzentration und Sorgfalt verlangt die Technik, die gelöste Stimmung erkläre ich mir durch den sichtbaren Erfolg des Tuns, die Möglichkeit zum Experimentieren und das sinnliche Vergnügen der Arbeit mit den Händen.

Jutta Baitsch und Eva Schulz liessen uns mit wenigen einführenden Erklärungen und Anregungen einfach machen: Versuche, Fehler, Entdeckungen, Erfolge,

Erfahrungen. Die Ergebnisse sprechen für sich und für die pädagogische „Nicht-Anleitung“. Das haben die Teilnehmenden am Schluss mehrfach positiv vermerkt. Auch für drei Mädchen aus einer 7. Klasse war die Art der Anleitung und der Arbeit fruchtbar.

Theater (Gabriele Persch)

Ich komme in den Raum, um ‘draussen’ zu bleiben. Ich höre: „Prozesse nimmt man nur wahr, wenn man sich in sie hineinbegibt.“ Also versuche ich, teilnehmende Beobachterin zu sein und werde Teil: Eine Bewegung entsteht, zieht mich hinein, mit allen Sinnen, Kopf, Herz und Hand. Ich bin ‘drinnen’, ehe ich mich versehe. Ich verspüre eine Dynamik – Spass, Freude an Bewegung, am Ausprobieren, am Verwandeln, am Miteinander ohne Scheu.

Abb. 26

Irgendwann entscheide ich mich doch, mich am Rand des Geschehens aufzuhalten – jetzt darf ich ‘nur beobachten’. So kann ich die Gruppe als ganze wahrnehmen, die Dynamik, die sich entwickelt. Und ich sehe die einzelnen Teilnehmerinnen und Teilnehmer, ihre zunehmende Bereitschaft, sich vor sich und den anderen zu öffnen, ihre Lust, mal anders zu sein als sonst.

Erstaunt hat mich, wie schnell sich alle Beteiligten aufeinander einlassen konnten, die unverkrampfte Atmosphäre, die Bereitschaft, Hemmungen beiseite zu legen – auch im Miteinander von Jugendlichen und Erwachsenen, Jungen und Frauen, Männern und Jungen, Männern und Frauen, Leiterin und Gruppenmitgliedern, Minderheiten und Mehrheiten.

Aus dem Atelier nehme ich mit: Pädagogisches Arbeiten kann bedeuten, Raum und Zeit zur Befreiung der Persönlichkeit zur Verfügung zu stellen.

Abb. 27

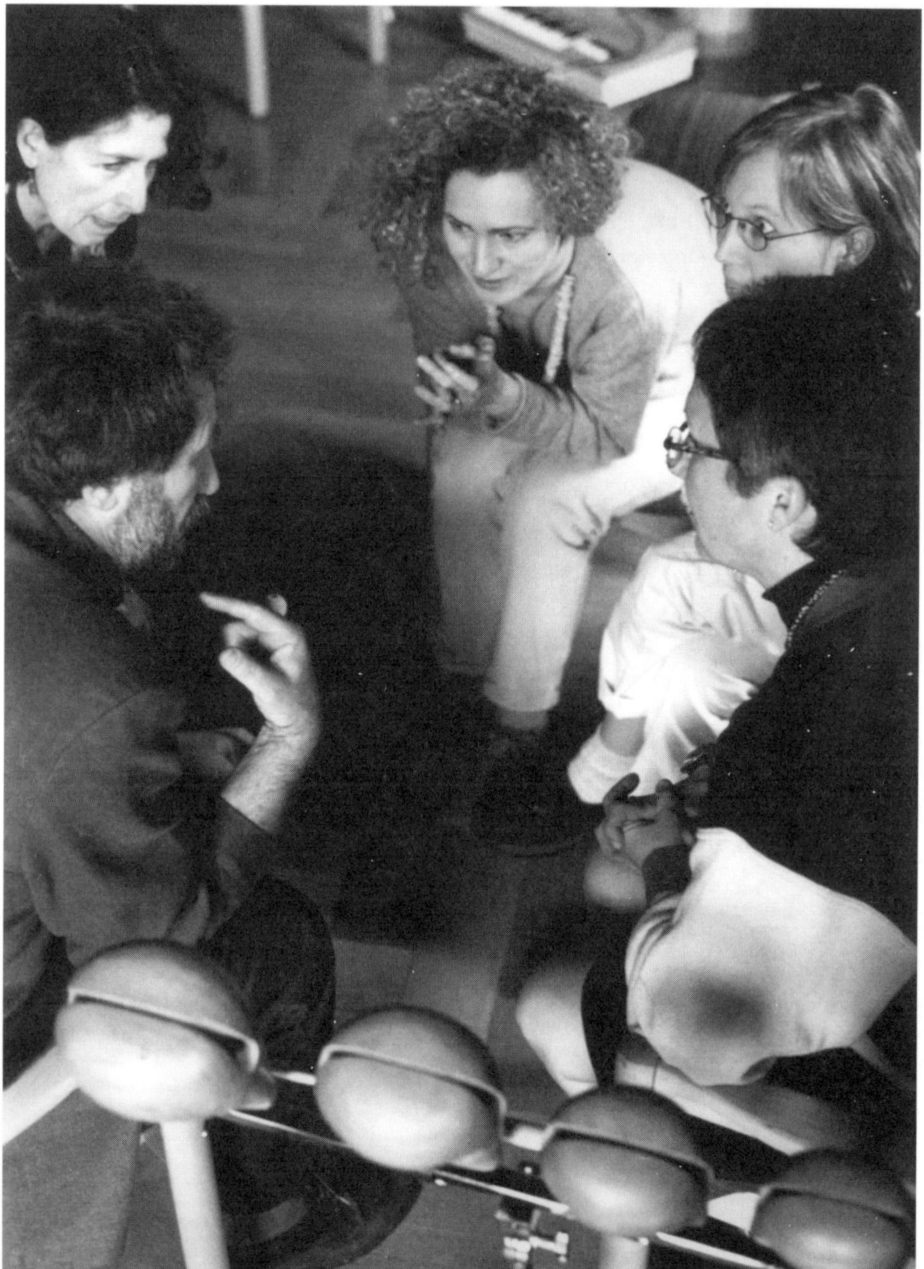

Abb. 28

Musik (Anke Poenicke)

Das Musik-Atelier wurde von den Tübinger Musikern Ulf Andresen und Felix Schellhorn durchgeführt, die im Fachbereich Erziehungswissenschaft an der Tübinger Universität studieren. Die Idee ging zurück auf ein Seminar zur Museumspädagogik, in dessen Rahmen nach Voraussetzungen dafür gesucht worden war, eine Art dialogische Beziehung zwischen Museums-Besuchenden und den Museums-Abteilungen zu ermöglichen. Als Übung traten damals die Studierenden mit vokalen und instrumentalen Klängen untereinander in einen Dialog. Auch anlässlich des Musik-Ateliers im Rahmen der Tagung 'Kind und Kunst' wurde dank vorhergehender Übungen, in denen die Umwelt passiv und dann 'aktiv' zu erlauschen war, deutlich, dass ein Monolog erst durch aufmerksames Hinhören zu einem Dialog werden kann. Nachdem die verschiedenen Trainingsmethoden mit Orffschen und anderen Instrumenten sowie selbstgebastelten Klanggeräten die wortlose und dennoch manchmal sehr geräuschvolle Unterhaltung etabliert haben, wurden vier Gruppen gebildet. In jeder von ihnen waren mindestens drei Generationen, unterschiedliche Tätigkeitsfelder (Schülerinnen und Schüler verschiedener Klassenstufen, Studierende, Lehrerinnen, u. a.) und manchmal mehrere Muttersprachen vertreten. Gerade in den auf diese Weise besonders heterogenen Gruppen funktionierte der Dialog besonders gut, denn nach einer nur zehnminütigen Phase der Absprache und des Probierens entwickelten gerade sie wahre Kompositionen um einzelne Begriffe, die dann aufgeführt und von den anderen erraten wurden. Auch wenn sich die Teilnehmenden gegen diese Interpretation wehrten: Leiter und Beobachterin erlebten als eine wesentliche Prämisse für den Dialog die Konzentration. Dabei zeigte sich, dass der 'Musik'-Atelier-Dialog oft besonders denen gelang, die sonst keine Musik machen und sich nicht in bekannte Muster retten können, wenn die Konzentration nachlässt. Denn: Dialog erheischt Aufmerksamkeit.

Malen (Bärbel Schwarz)

Ich stehe in einem kleinen Raum, der nur wenig grösser ist als ich selbst, und dessen Wände aus buntbemalten Papierbahnnen bestehen. Die Sonne scheint durch die Papierbahnen hindurch und bringt die farbigen Darstellungen zu den Elementen Feuer, Wasser, Luft und Erde zum Leuchten. Ich fühle mich für einige Augenblicke wie in einer anderen Welt.

Ich halte eine Schuhschachtel in der Hand. An der Schmalseite der Schuhschachtel befindet sich ein kleines Loch, das den Blick freigibt auf das Innere der Schachtel: ein Sonnensystem. In einer anderen Schachtel entdecke ich den Thronsaal eines Königs und einer Königin, in der folgenden den Lebensraum eines Igels, dann ein Gruselkabinett.

Ich war erstaunt über die Vielzahl von Ideen, die im Malatelier anlässlich der Tagung in Bad Boll verwirklicht wurde, und ich war begeistert von der Technik, Wachskreidezeichnungen mit farbigen Holzbeizen zu übermalen und so relativ einfach zu bestechenden Ergebnissen zu gelangen. Nicht alle Teilnehmerinnen und Teilnehmer des Malateliers waren vorbehaltslos offen für das, was dort geschehen sollte. Bedenken tauchten auf, ob die Arbeit mit Kindern im Atelier bereichern könnte, ob sie Fragen und Kritik standhalten würde und ob sie auch genug hergeben würde, das man 'mit nachhause nehmen' konnte. Die Schülerinnen und Schüler einer dritten und siebten Klasse allerdings schienen solcherlei Vorbehalte und Bedenken nicht zu teilen: sie arbeiteten intensiv an ihren Schachteln, und an ihnen konnte gleich beobachtet werden, wie eine derartige Aufgabenstellung von Kindern aufgenommen wird.

Abb. 29